いちばんわかる
建築製図入門

櫻井良明

X-Knowledge

はじめに

このたび、「この1冊で全部わかる木造住宅製図秘伝のテクニック」の改訂版として16ページを追加し、内容もより充実させ、「いちばんわかる建築製図入門」として再出版することになりました。前書同様、木造住宅図面で構成されていますが、持出し（オーバーハング）のベランダや玄関まわりの詳細図面や寄棟屋根の構造、小屋伏図なども追加し、2級建築士、木造建築士の製図試験の参考書としても役立つ内容にしました。

長年にわたり、工業高校建築科の教師として、「建築製図」の授業を担当してきましたが、非常に細かい作業で、根気も必要なので、途中で根を上げて嫌いになってしまう生徒が多い教科でした。実は初めて大学でこの「建築製図」を学んだわたしもそのひとりだったのです。

どんな学問でも共通して言えることは"理解できるようになると楽しくて好きになり、やる気も出る"ということだと思います。ではどうすれば好きになってもらえるのか？建築製図においては、文字や一本一本の線の描き方や意味からはじまり、図面の作図手順や描き方のルールなど、基本の基本から、わかりやすく段階を踏んで理解できるようにする必要があると考えます。

そこで、本書は建築物の基本となる"木造2階建住宅"を題材にして、細かい建築図面をいきなりまともに描くのではなく、一般的に描く縮尺よりも大きく描くようにしています。そうすることで、線同士の間隔が広がり、理解しやすくなり、正確に作図のコツが身につく仕掛けになっています。この木造建築（木構造）は、工業高校ではしっかり基本から教えるのですが、大学ではあまり教えていないという話をよく聞きます。鉄筋コンクリート造や鉄骨造を重視する傾向にあるようですが、日本において、基本はやはり"木造"だと考えます。木造をしっかり理解した上で他の構造を学ぶことをおすすめします。

本書の特徴は以下のとおりです。
①本来、縮尺1/100で描く図面を縦横2倍の1/50（平面詳細図は従来1/50を1/30）で描くことで、線同士の関係がわかりやすく、図面の描き方やルールがより明確になり、理解を深めることができる。
②各種図面について、丁寧な作図手順を示すことで、理解しながら作図できるようになっている。
③各種図面は、それぞれ他の図面と関連付けながら作図できるようにしているので図面同士の関係がより明確に理解できる。
④「屋根」「開口部」は特に理解しにくいので、多くのページを費やし、複数の例を示している。
⑤構造図は、従来までの「基礎：布基礎、床：根太アリ工法」を基本に、今日主流となっている「基礎：ベタ基礎、床：根太レス工法」の作図例も取り上げ、現実にあった図面の作図方法を身に付けることができる。
⑥随所に立体パース（アイソメ図）や写真を載せることで、立体的な理解を深めることができる。
⑦演習課題を多くし、作図練習がしっかりできる（必要に応じて本書をコピーして使用する）。

是非、最初から最後まで、一通り目を通されたあと、すべての演習課題に取り組んでみて下さい。必ず力がつくと思います。

本書で勉強し、建築製図の要領を理解することで、一人でも多くの方に"建築"を好きになっていただけることを望みます。

2021年　櫻井 良明

カバーデザイン：細山田デザイン事務所（米倉英弘）｜フォーマットデザイン：neucitora｜本文製作：鈴木健二（中央編集舎）｜印刷・製本：シナノ書籍印刷

製図の基本を学ぶ

1 製図のルール

［1］用紙

建築図面は、一般的に、JIS（日本工業規格）で定められているA系列の用紙サイズで描きます。なかでも建築でよく用いられるのは、A1（594mm×841mm）、A2（420mm×594mm）、A3（297mm×420mm）です。

用紙の縦横の比は、1：$\sqrt{2}$の関係にあり、A0の1/2がA1、A1の1/2がA2、A2の1/2がA3、A3の1/2がA4となっています。用紙の種類は、ケント紙やトレーシングペーパーが一般的に用いられますが、着彩する場合は、ミューズコットン紙、キャンソン紙、ワトソン紙などを用いることがあります。

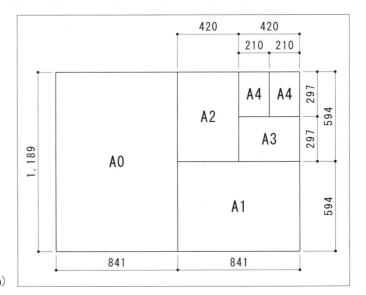

A系列用紙のサイズ法（単位mm）

［2］製図用具

定規（T定規、三角定規、勾配定規、雲形定規、自在曲線定規など）、テンプレート、スケール（ヘキサスケール、三角スケールなど）、筆記用具（シャープペンシル、ホルダーなど）、消しゴム、字消し板、製図用テープ、製図用ブラシなどが必要です。

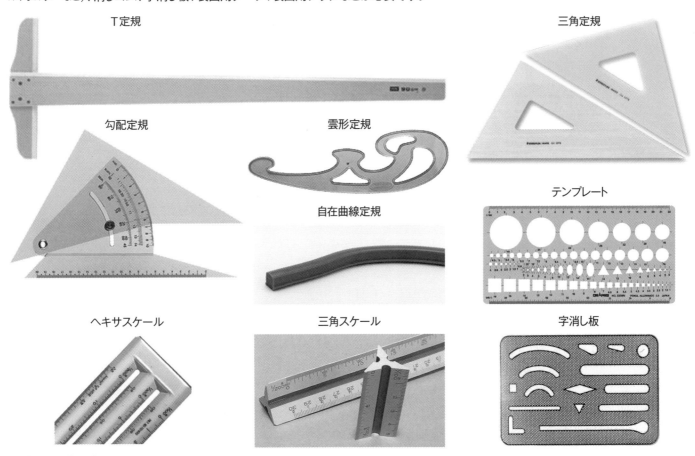

T定規　三角定規　勾配定規　雲形定規　自在曲線定規　テンプレート　ヘキサスケール　三角スケール　字消し板

［3］線の描き方

❶ 線は、鉛筆をほぼ垂直に立て、進行方向に約15°傾け、回転させながら描きます。そうすることで、一定の太さの線を描くことができます。

❷ 水平線は、T定規または平行定規の場合、定規の上側を用い、下図のように左から右（左利きの場合は、右から左）へ描きます。

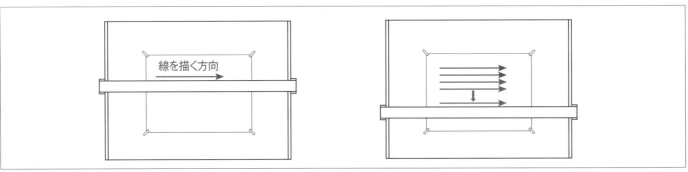

線を描く方向

水平線の描き方

❸ 垂直線は、T定規または平行定規の場合、三角定規を下図のようにセットし、下から上へ描きます。

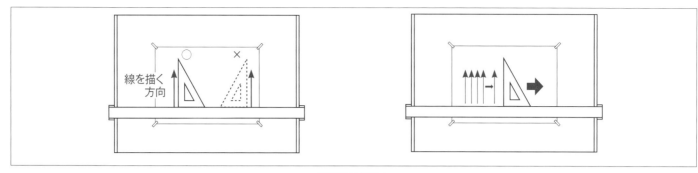

垂直線の描き方

❹ 斜線は、T定規または平行定規の場合、三角定規を下図のようにセットし、矢印の方向へ描きます。

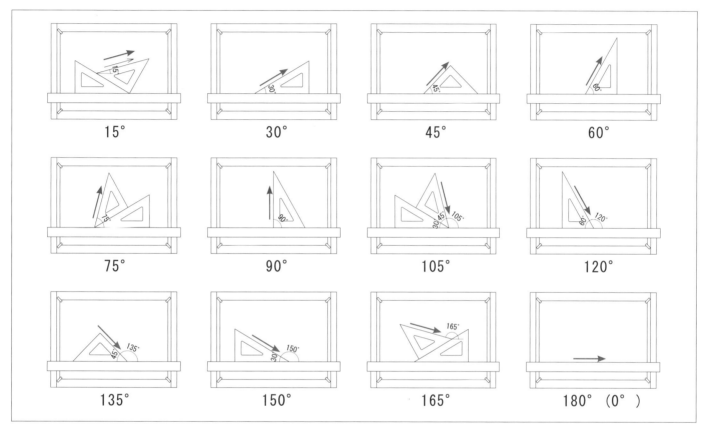

15°	30°	45°	60°
75°	90°	105°	120°
135°	150°	165°	180°（0°）

斜線の描き方

［4］線

❶ 製図に使われる線は、下表のように、用途に応じて「太さ」と「種類」を使い分け、メリハリの利いた表現にする必要があります。

❷ 線の太さは、細い順から、「細線」「太線」「極太線」「超極太線」があります。「極細線」は、下書するときの線として用い、できるだけ薄く描き、線の交差部などがわかる程度で、目立たないように注意します。

❸ 線の種類は、「実線」「破線」「一点鎖線」「二点鎖線」などがあります。

線 の 太 さ	比	線 の 種 類	実 例	用 途
細 線	1	実 線	————————	姿線、寸法線、寸法補助線、引出線など
		破 線	- - - - - - - - -	想像線、隠れ線など
		一点鎖線	— - — - — - —	通り芯（壁、柱の中心線）、基準線など
		二点鎖線	— - - — - - —	切断線など
太 線	2	実 線	————————	外形線、断面線など
極 太 線	4	実 線	————————	断面線、輪郭線など
		一点鎖線	——- ——- ——	敷地境界線、道路境界線など
超 極 太 線	8	実 線	————————	地盤（GL）線、用紙枠など
極 細 線		実 線	····················	下書線、補助線

線の使い分け

［5］文字

❶ 製図に用いる文字は、「漢字」「ひらがな」「カタカナ」「数字」「英字」
などがあります。

❷ 文字の大きさは、2〜3種類くらいに統一し、楷書で横書きとし、水平
ラインに気をつけて書きます。

❸ 図面の出来栄えは、文字の巧拙によって、左右されると言っても過言
ではありませんので、丁寧に読みやすく書く必要があります。

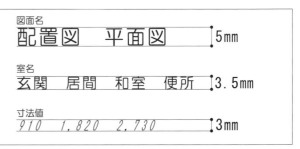

文字の大きさの目安

［6］寸法

❶ 寸法は、右図のように、「寸法線」「寸法補助線」「端末記号」「寸法値」
で構成されています。

❷ 「寸法値」の単位は原則としてミリメートル(mm)とし、単位記号をつけ
ません。しかし、ミリメートル以外の単位を使う場合は、末尾に単位記
号をつけます。

❸ 「端末記号」は、右下図のように表示します。

❹ 「寸法線」「寸法補助線」は「細線の実線」で描きます。

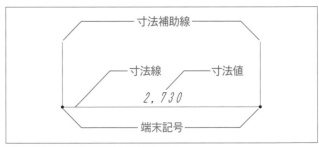

寸法の表記例

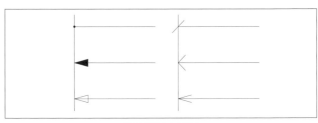

端末記号の種類

［7］組立基準線と基準記号

❶ 組立基準線は、平面方向では「通り芯」と呼ばれ、通常は主要な柱、
壁の「中心線」とします。また、高さ方向では、地盤面、各階の床仕上
面、屋根の構造を支える水平材(木造の場合：軒桁)の上端が基準となり
ます。

❷ 基準記号は、下図のように表示します。平面方向では、「X0、X1……Xn」「Y0、Y1……Yn」で、高さ方向では、「Z0、Z1……Zn」で表します。
ここで、「Z0」が地盤面(GL)、「Z1」が1階床高(1FL)……「Zn」が水平材の上端を表すことになります。

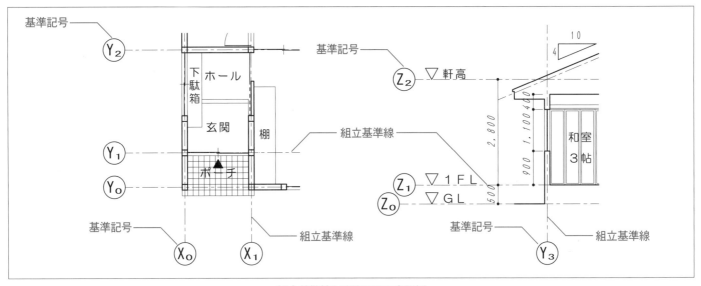

組立基準線と基準記号の表記例

［8］勾配・角度

❶ 建築物の部位で傾斜しているのは主に「屋根」と「スロープ」です。
これらの傾きは、「勾配」といい、垂直長さ/水平長さで表します。

❷ 木造の屋根のように比較的傾斜が大きい場合、勾配は水平長さを
「10」とし、「3/10」「4/10」のように表します。

❸ RC造などの屋根のように比較的傾斜が小さい場合、勾配は垂直長さ
を「1」とし、「1/50」「1/100」のように表します。

❹ 敷地の形状や建築物の平面形が直角でない場合、角度は「75°」
「120°」のように度数法で表す場合があります。

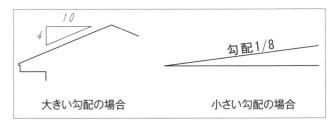

勾配の表記

［9］尺度

❶ 建築物を作図表現する場合、描く図面に応じて尺度を決めます。

❷ 実物と同じ大きさのものを「原寸」または「現尺」といい、「S=1:1」「S=1/1」のように表します。

❸ 通常は実物よりも小さく表現するので、この場合「縮尺」といい、「S=1:100」「S=1/100」（100分の1）のように表します。「S=1:〇」「S=1／〇」において、〇の整数値が小さいほど特定の部分を詳細に表現することができ、〇の整数値が大きいほど広い範囲まで表現することができます。主な図面に用いられる尺度は表の通りです。

尺　　度	図　　面
1：1、1：2	原寸詳細図、納まり図など
1：5、1：10、1：20、1：30	矩計（かなばかり）図、部分詳細図など
1：50、1：100、1：200	平面図・断面図・立面図などの意匠図、構造図、設備図など
1：500、1：1000以上	大規模な土地の敷地図、配置図など

尺度と図面の関係

［10］表示記号

❶ 建築物を図面表現する場合、描く尺度によって表現方法が変わります。

❷ 尺度を決めて図面表現するために、JIS（日本工業規格）では標準的な製図記号を定めています。

❸ 下表はJIS A 0150において定められている「平面表示記号」と「材料構造表示記号」です。

平面表示記号

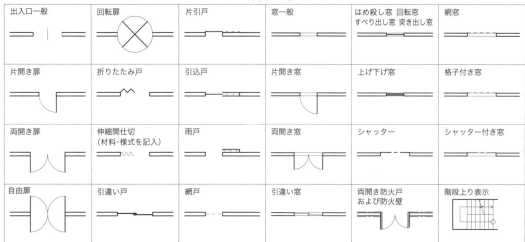

材料構造表示記号

2 図面の種類

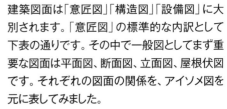

建築図面は「意匠図」「構造図」「設備図」に大別されます。「意匠図」の標準的な内訳として下表の通りです。その中で一般図としてまず重要な図面は平面図、断面図、立面図、屋根伏図です。それぞれの図面の関係を、アイソメ図を元に表してみました。

建築図面はまず「平面図」を描き、それを元に「屋根伏図」を描きます。さらにその2つの図面を元に「断面図」「立面図」を描きます。そうすることで、建物の高さ、位置の関係が正確に関連付けすることが可能になります。

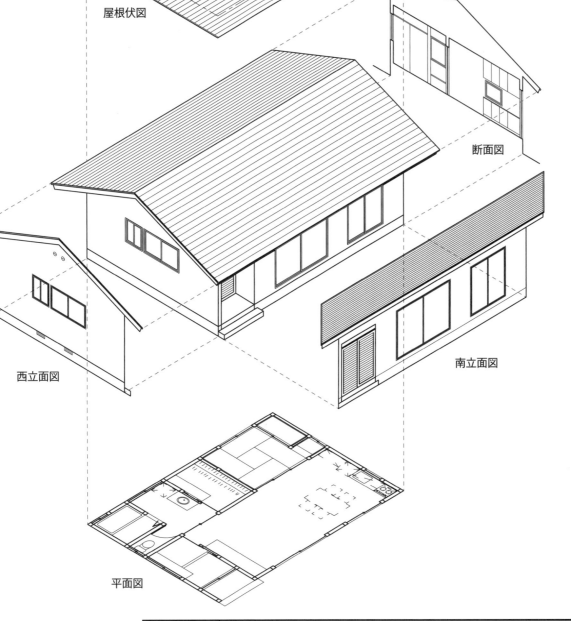

屋根伏図

断面図

西立面図

南立面図

平面図

意匠図

図 面 名 称	内　　　　容
配　置　図	建築物が建つ敷地の形状および道路や建築物の位置関係を表した図
平　面　図	建築物の各階の床上から1〜1.5m付近の個所で水平に切断し、真上から下を見た様子を表した図
立　面　図	建築物の外面を指定した方向（東西南北など）から眺めた様子を表した図
断　面　図	建築物を指定個所で鉛直に切断し、矢印方向に見た様子を表した図
屋 根 伏 図	建築物を真上から下を見た屋根の形状を平面的に表した図
矩　計　図	「かなばかりず」と読む。建築物を指定個所で鉛直に切断し、切断方向を詳細に表した図
部 分 詳 細 図	特定の部分を詳細に表した図
天 井 伏 図	建築物の各階天井を下から見上げた状態を表した図
展　開　図	建築物の各部屋の中央に立ち、四方の壁面を見た状態を表した図
透　視　図	パースともいう。建築物の外観や室内を遠近法により立体的に描いた図
建　具　表	建具の形状、寸法、材質などを描いた図をまとめた表
仕　上　表	建築物の内外部の仕上げ方法や材料をまとめた表
面　積　表	敷地や建築物の各階、各室の面積を求積を含めてまとめた表

「構造図」と「設備図」はそれぞれの専門家に任せて描いてもらう場合があります。木造住宅では「意匠図」を描く建築設計者がまとめて描く場合があります。ここでは「構造図」の基本図面の描き方をマスターします。左図は軸組アイソメ図と各種構造図との関係を表してみました。

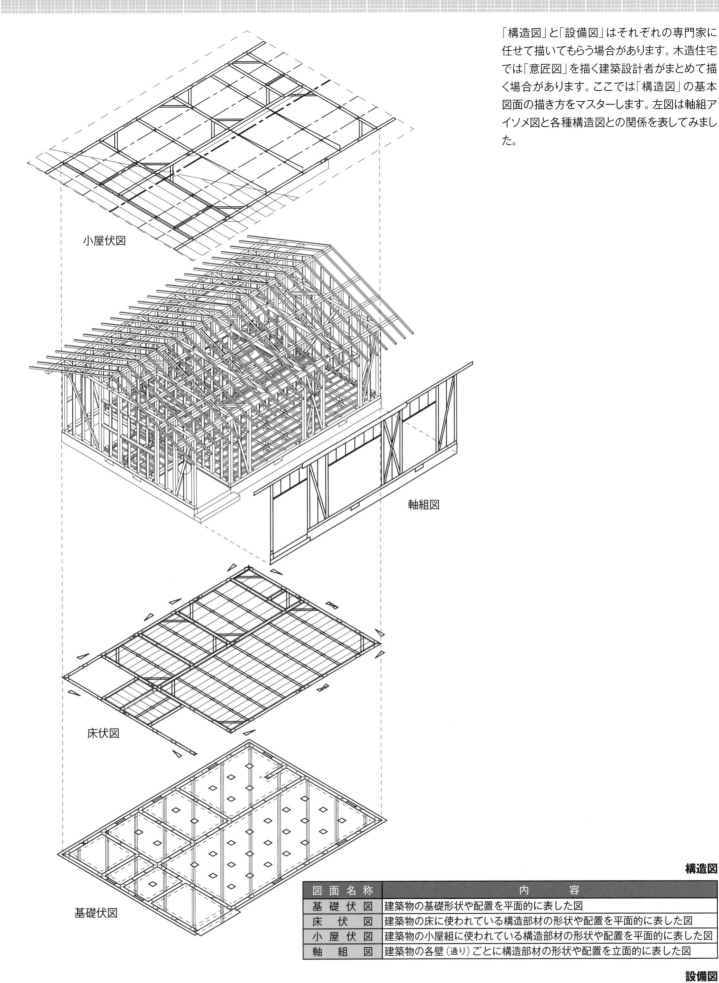

小屋伏図

軸組図

床伏図

基礎伏図

構造図

図 面 名 称	内 容
基 礎 伏 図	建築物の基礎形状や配置を平面的に表した図
床 伏 図	建築物の床に使われている構造部材の形状や配置を平面的に表した図
小 屋 伏 図	建築物の小屋組に使われている構造部材の形状や配置を平面的に表した図
軸 組 図	建築物の各壁（通り）ごとに構造部材の形状や配置を立面的に表した図

設備図

図 面 名 称	内 容
電 気 設 備 図	建築物の電気設備に必要な器具や装置などの位置、配線などを表した図
給排水設備図	建築物の給排水設備に必要な器具や装置などの位置、配管などを表した図
空 調 設 備 図	建築物の空気調整設備に必要な器具や装置などの位置、配管などを表した図
ガ ス 設 備 図	建築物のガス設備に必要な器具や装置などの位置、配管などを表した図

練習課題

1 誌面をコピーして文字の練習をする。　※ 寸法は図面上の寸法です（以下同）。

10mm 建 築 科 部 大 学 高 等 専 門 校

10mm 建 築 科 部 大 学 高 等 専 門 校

10mm

10mm

10mm 製 図 面 邸 新 増 事 工 業 設 計

10mm 製 図 面 邸 新 増 事 工 業 設 計

10mm

10mm

5mm 縮 尺 年 月 日 付 題 学 校 名 配 置 兼 平 立 断 面 図 矩 計 基

5mm 縮 尺 年 月 日 付 題 学 校 名 配 置 兼 平 立 断 面 図 矩 計 基

5mm

5mm

5mm 準 階 東 西 南 北 部 分 詳 細 展 開 軸 組 基 礎 小 屋 根 伏 床

5mm 準 階 東 西 南 北 部 分 詳 細 展 開 軸 組 基 礎 小 屋 根 伏 床

5mm

5mm

5mm 天 井 建 具 仕 上 表 電 気 各 給 排 水 設 備 空 調 意 匠 構 造

5mm 天 井 建 具 仕 上 表 電 気 各 給 排 水 設 備 空 調 意 匠 構 造

5mm

5mm

練習課題
❷

4mm　畳寄内障子敷鴨居野縁受長押廻吊基礎土台大引根太床束石貫胴差
4mm　畳寄内障子敷鴨居野縁受長押廻吊基礎土台大引根太床束石貫胴差
4mm
4mm

4mm　広小舞垂木野地断熱材透湿防水合棟母屋羽板金物軒桁鼻隠破風樋
4mm　広小舞垂木野地断熱材透湿防水合棟母屋羽板金物軒桁鼻隠破風樋
4mm
4mm

3.5mm　居間食堂台所玄関寝老人子供室書斎家事便所浴洗面脱衣和洋廊下押入広縁仏神棚
3.5mm　居間食堂台所玄関寝老人子供室書斎家事便所浴洗面脱衣和洋廊下押入広縁仏神棚
3.5mm
3.5mm

3.5mm　駐車場吹抜階段縁側勝手口客納戸倉庫収納物置下駄箱タンスリビングダイニング
3.5mm　駐車場吹抜階段縁側勝手口客納戸倉庫収納物置下駄箱タンスリビングダイニング
3.5mm
3.5mm

3.5mm　キッチントイレバスウォークインクロゼットデッキテラスベランダポーチホール
3.5mm　キッチントイレバスウォークインクロゼットデッキテラスベランダポーチホール
3.5mm
3.5mm

4mm　1234567890123456789012345678 90
4mm　1234567890123456789012345678 90
4mm
4mm

3mm　1234567890123456789012345678 90
3mm　1234567890123456789012345678 90
3mm
3mm

2.5mm　1234567890123456789012345678 90
2.5mm
2.5mm
2.5mm

練習課題 ❸

［1］水平線を描く

極細線（下描き線）	
細線実線	
太線実線	
極太線実線	
超極太線実線	
細線一点鎖線	
極太線一点鎖線	
細線二点鎖線	
細線破線	

［2］鉛直線（垂直線）を描く

極細線（下描き線）　細線実線　太線実線　極太線実線　超極太線実線　細線一点鎖線　極太線一点鎖線　細線二点鎖線　細線破線

練習課題

❹

A・B線間を5等分して線を描く。

A線　　　　　　　　　　B線

① A線とB線は平行線である。

A線　　　　　　　　　　B線

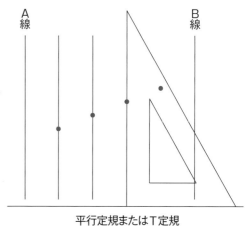

② 定規を斜めにし、5等分しやすい目盛に合わせ、点で印を付ける。

A線　　　　　　　　　　B線

平行定規またはT定規

③ A・B線に平行に、点上を通る直線を三角定規と平行定規（T定規）で描く。

上の例題を参考に、①〜④のA・B線間を指定の数値で等分して線を描く。

① 6等分

A線　　　　　　　　　　B線

② 10等分

A線　　　　　　　　　　　　　　　　B線

③ 8等分

A線

④ 9等分

A線

B線

B線

練習課題

5

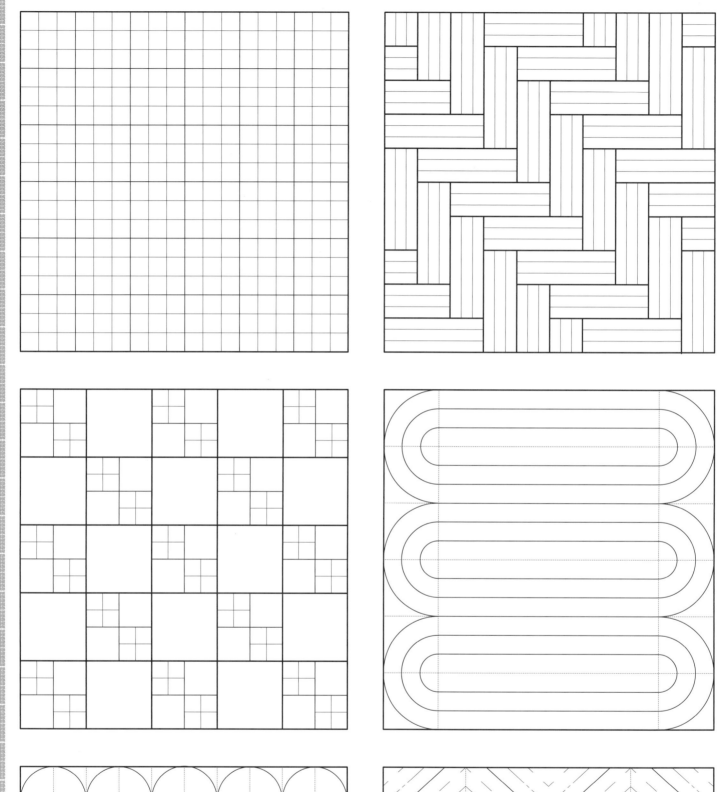

立体図を理解する

[1] 正投影図［平面図（屋根伏図）・立面図］

❶ 図1のように、立体の前にガラス板のような透明な画面を平行に置き、立体の各頂点から画面に垂直な平行投影線を引いて、画面との交点を求めて図を描けば、「正投影図」になります。このように立体の手前の画面に投影する方法を「第三角法」といいます。

❷ 図2のように、透明な画面を立体の南側に立てた「南立面図」、東側に立てた「東立面図」、水平に置いた平面図（屋根伏図）などに投影します。

❸ その他にも、透明な画面を立体の北側に立てたら「北立面図」、西側に立てたら「西立面図」が投影できます。

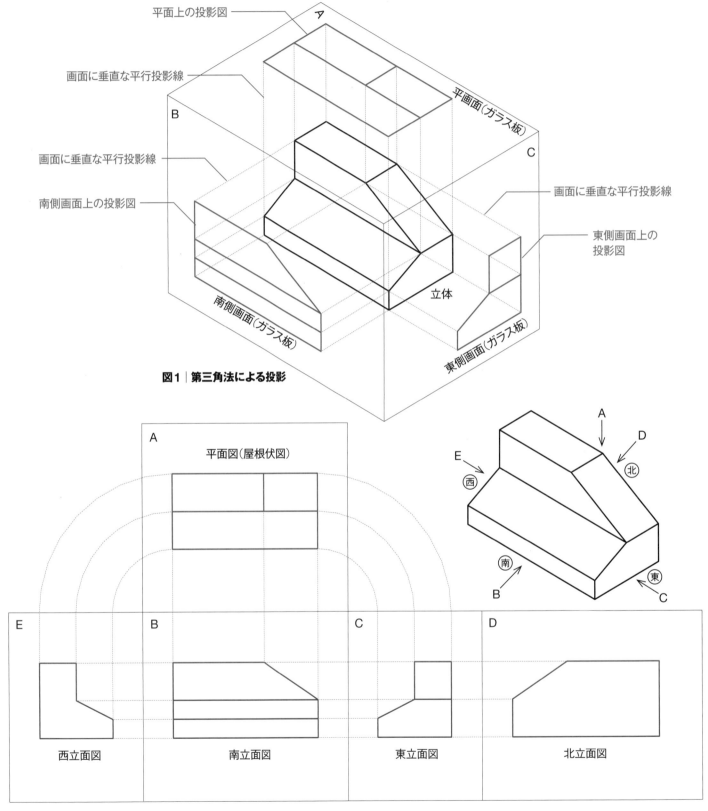

図1｜第三角法による投影

図2｜正投影図の配置

［2］等角図（アイソメトリック）・不等角図（アクソメトリック）・キャビネット図

❶ 図1のように、3座標軸の投影が互いに120°になっている図を「**等角図（アイソメトリック）**」といいます。この場合、座標軸上の長さが実長（実際の長さ）になるようにします。

❷ 図2のように、3座標軸の投影が互いに90°、120°、150°になっている図を「**不等角図（アクソメトリック）**」といいます。この場合も、座標軸上の長さが実長になるようにします。

❸ 図3のように、立体の正面の形を正投影で表し、奥行きだけを斜め45°にし、実長の1/2の長さにして描いた図を「**キャビネット図**」といいます。

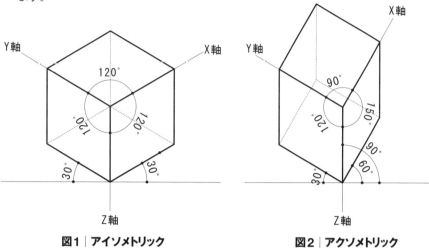

図1｜アイソメトリック　　**図2｜アクソメトリック**　　**図3｜キャビネット図**

◎ 下の枠内の図に示す平面図、立面図を等角図（アイソメトリック）で表すには、①〜④の順序で描けばよい。

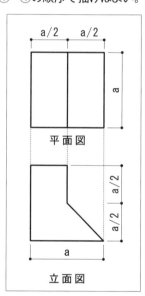

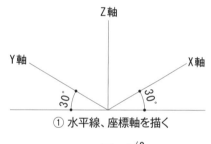

① 水平線、座標軸を描く

② 座標軸に合せて辺長aの直方体を描く

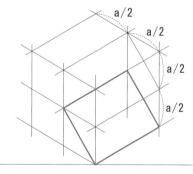

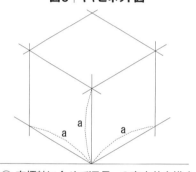

③ 辺aを2分割する線を描き、斜面を描く

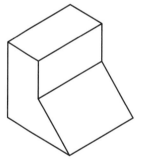

④ 必要な線を太線で描き、等角図を完成する

◎ 同様に、不等角図（アクソメトリック）で表わすには、①〜④の順序で描けばよい。

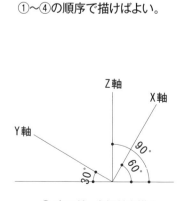

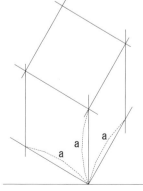

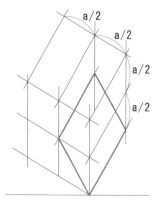

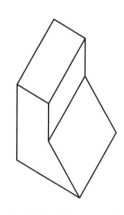

① 水平線、座標軸を描く

② 座標軸に合せて辺長aの直方体を描く

③ 辺aを2分割する線を描き、斜面を描く

④ 必要な線を太線で描き、不等角図を完成する

◎ 同様に、キャビネット図で表わすには、①〜④の順序で描けばよい。

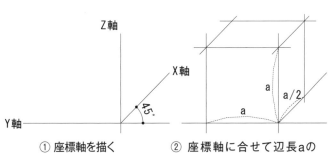
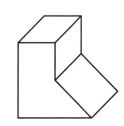

① 座標軸を描く

② 座標軸に合せて辺長aの直方体を描く。ただし、X軸（奥行）は、2/aとする

③ 辺aを2分割する線を描き、斜面を描く

④ 必要な線を太線で描き、キャビネット図を完成する

［3］展開図

❶ 立体の各面を一平面上に広げた図のことを「展開図」といいます。

❷ 展開図を描くには、立体の実形を正しく捉えることが大切です。

❸ 展開図を切り抜いて、実際に組み立てることで、立体を把握することができます。

❹ 図1に示す等角図の展開図が図2となります。

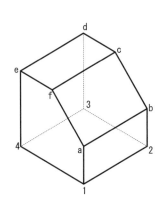

図1│等角図

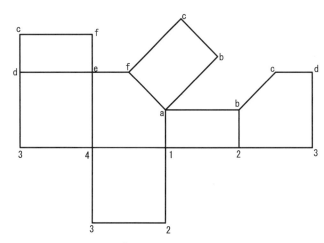

図2│展開図

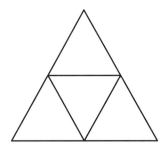

① 正四面体

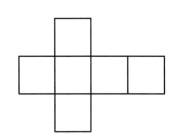

② 正六面体

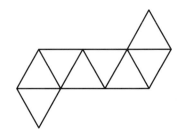

③ 正八面体

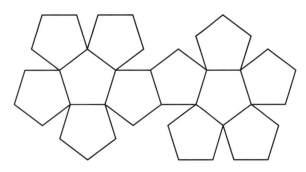

④ 正十二面体

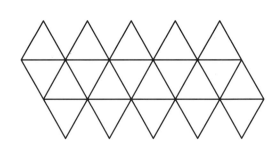

⑤ 正二十面体

図3│正多面体の展開図

練習課題 ❶

1 図Aのような平面図（屋根伏図）になるような立体を4種類、自由に考え、等角図（アイソメトリック）を描く。
なお、立体は点線の立方体の中に納まるものとする（例を参照）。

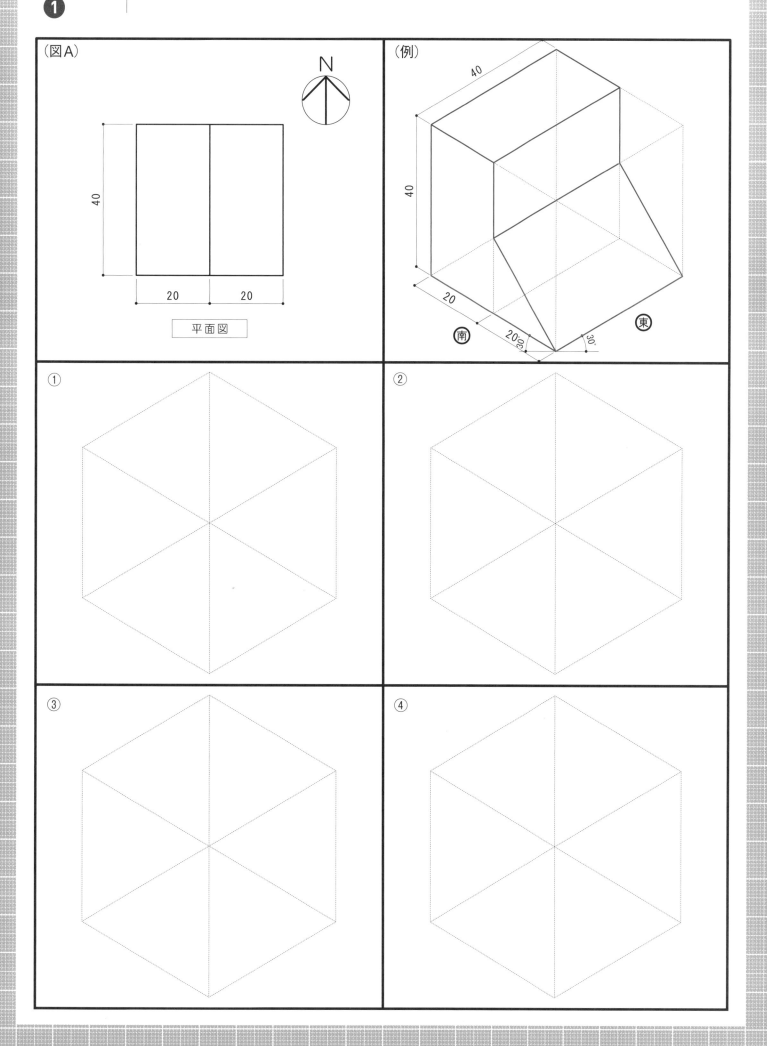

（図A）

N

40

20　　20

平面図

（例）

40

40

20

20

30°

30°

南　　東

①

②

③

④

練習課題 ❷

1 練習課題 ❶ で考えた4種類の立体をもとに、それぞれの立体の東西南北における正投影図（立面図）を描く（例を参照）。

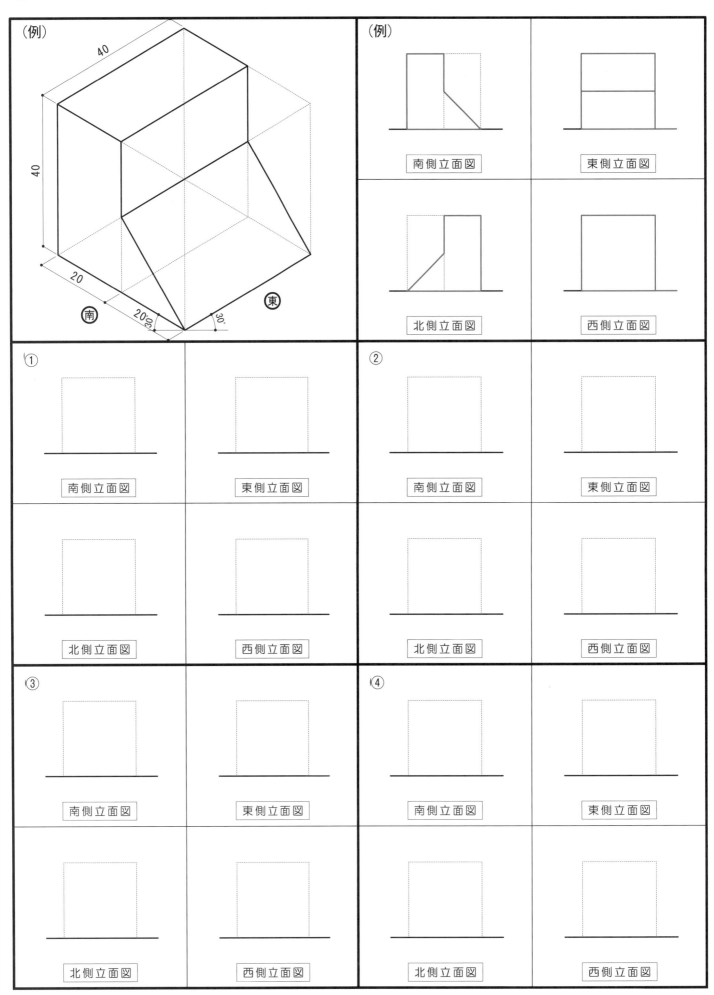

（例）

（例）

| 南側立面図 | 東側立面図 |
| 北側立面図 | 西側立面図 |

① 南側立面図　東側立面図
北側立面図　西側立面図

② 南側立面図　東側立面図
北側立面図　西側立面図

③ 南側立面図　東側立面図
北側立面図　西側立面図

④ 南側立面図　東側立面図
北側立面図　西側立面図

練習課題 ❸

1 図Aのような平面図（屋根伏図）になるような立体を4種類、自由に考え、不等角図（アクソメトリック）を描く。
なお、立体は点線の立方体の中に納まるものとする（例を参照）。

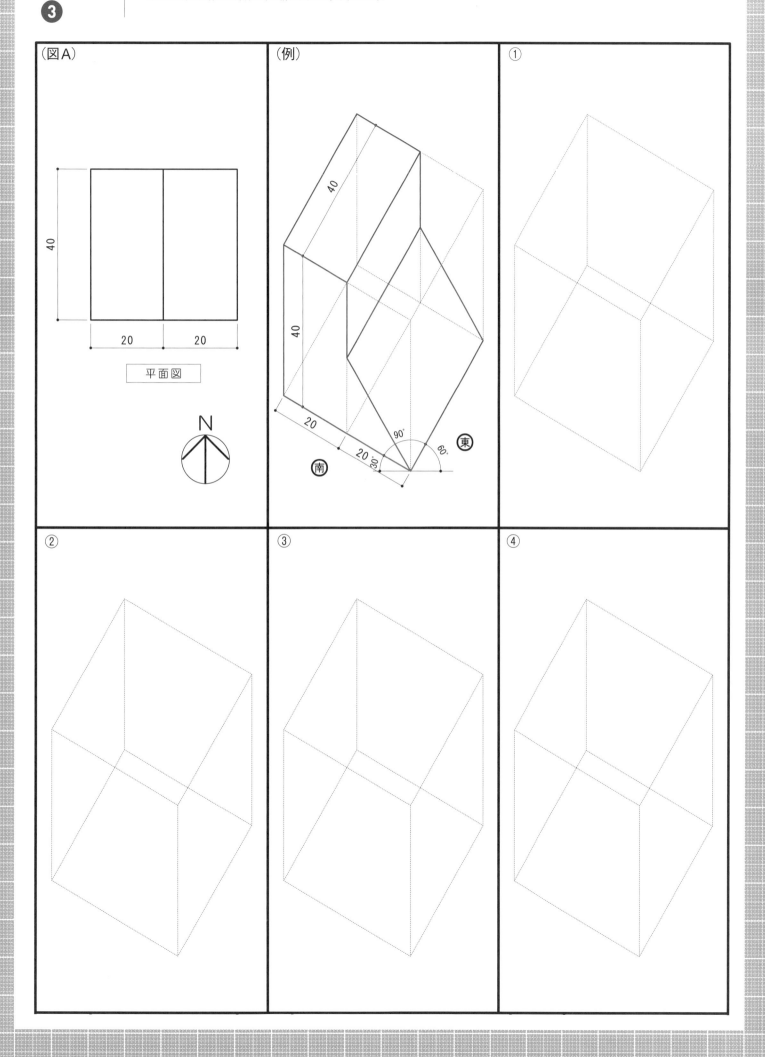

（図A）

40

20　　20

平面図

N

（例）

40

40

20

20

30°

90°

60°

東

南

①

②

③

④

練習課題 ④

1 練習課題❶で考えた4種類の立体をもとに、それぞれの立体の展開図を描く（例を参照）。

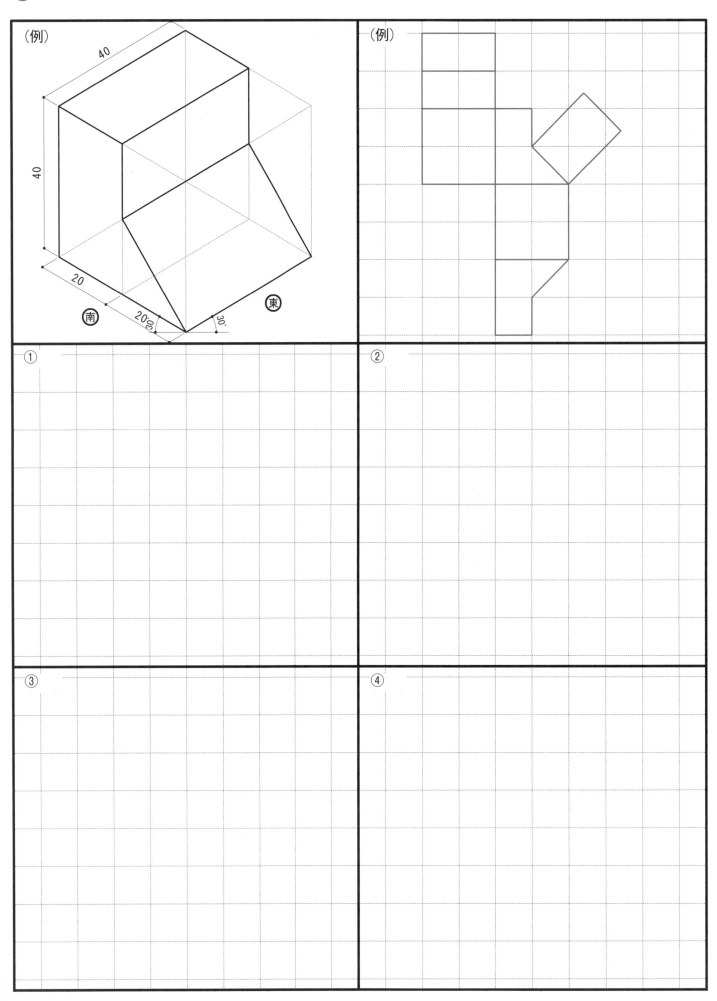

(例)

40

40

40

20

20

30°

30°

南

東

(例)

① ② ③ ④

練習課題

木造2階建意匠図の
描き方を学ぶ

1 平面図の描き方

平面図とは、建築物の各階の床上から1〜1.5mくらいのところで水平に切断し、真上から下を見た様子を作図したものです。ただし、壁の側面は見えないものとします。平面図アイソメ図と平面図の関係を理解した上で、1/100の作図表現で1/50に拡大した図面を作図練習します。

❶ 平面図を作図する場合、原則として「北」を上に描きます。

❷ 長さの基準は、木造住宅の基本となる3尺（910mm）をベースとして作図します。

❸ 切断された部分（断面線）は「**極太線の実線**」で描きます。

❹ 見えている線（姿線）は「**細線の実線**」で描きます。

❺ 家具や冷蔵庫、洗濯機など、工事金額に含まれず後から設置するものの線（想像線）は、「**細線の破線**」で描きます。

❻ 柱・壁の中心線（通り芯、基準線）は、「**細線の一点鎖線**」で描きます。

❼ 寸法線などは、「**細線の実線**」で描きます。

❽ 切断された部分より上にある線（隠れ線）は「**細線の点線**」で描きます。

❾ 断面図を描く際の垂直切断線（切断線）は「**細線の二点鎖線**」で描きます。

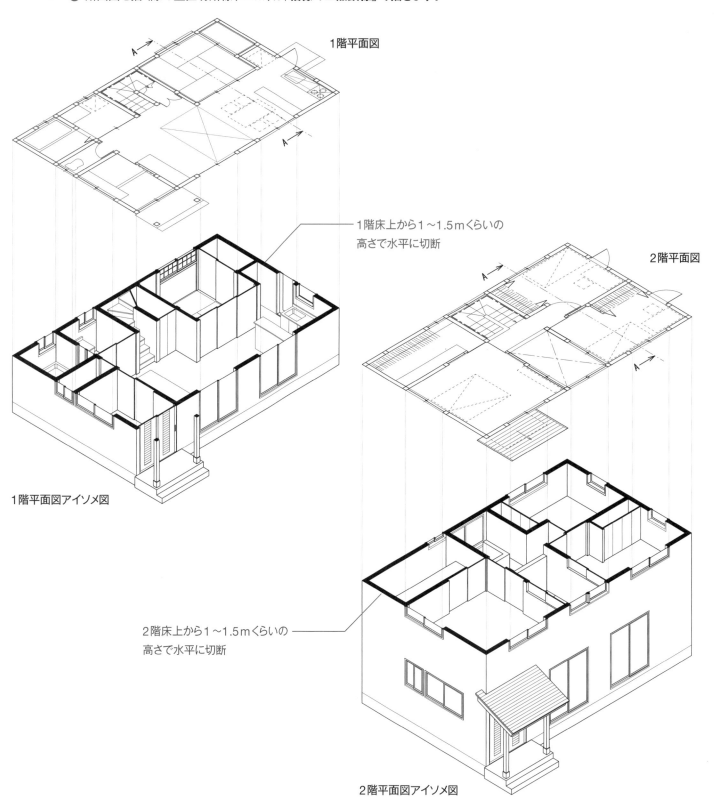

1階平面図

1階床上から1〜1.5mくらいの高さで水平に切断

2階平面図

1階平面図アイソメ図

2階床上から1〜1.5mくらいの高さで水平に切断

2階平面図アイソメ図

025

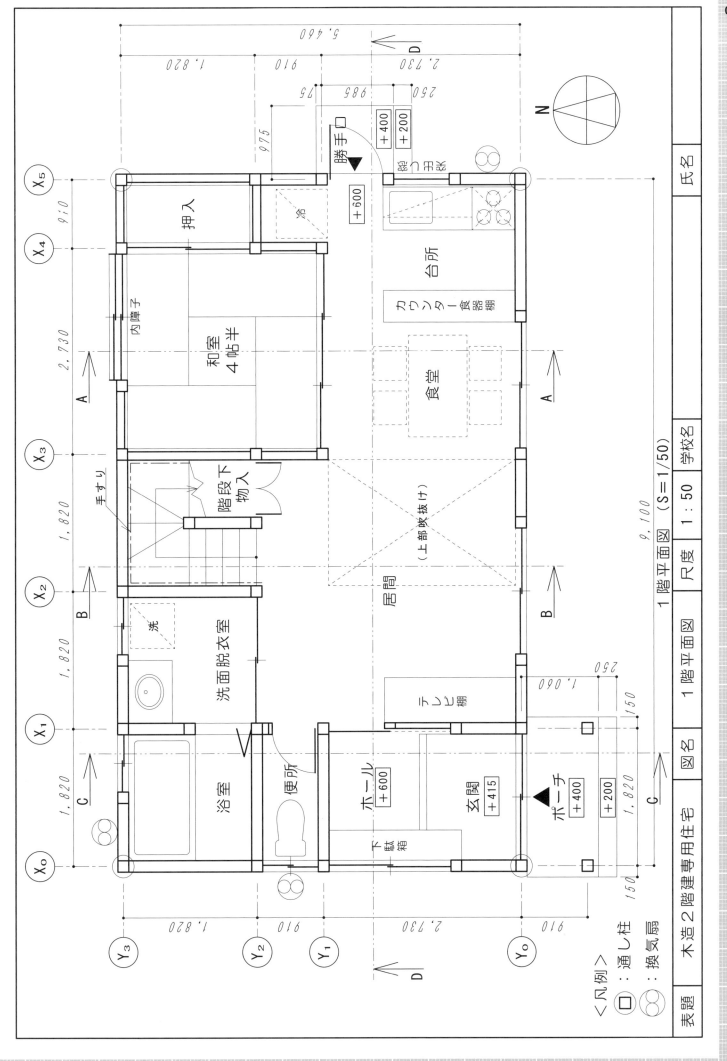

作図手順

①

1 外周部の下描き線を全体のレイアウト（配置）を考慮しながら、**極細線**で描く。

2 内部の下描き線を**極細線**で910mm間隔に均等割りして描く（定規を傾け、等分に分割する）。

（5,460）

（9,100）

（910）

（910）

１階平面図 （S＝1/50）

作図手順 ❷

1 壁、柱の下描き線を**極細線**で描く（壁厚は150（＝75＋75）とする）。
　ポイント 下描き線は縦と横の線が交差するように実際の長さより長めに描く。
2 玄関の上がり框中心線の下描き線を**極細線**で描く。
3 便所開口部の下描き線を**極細線**で描く。

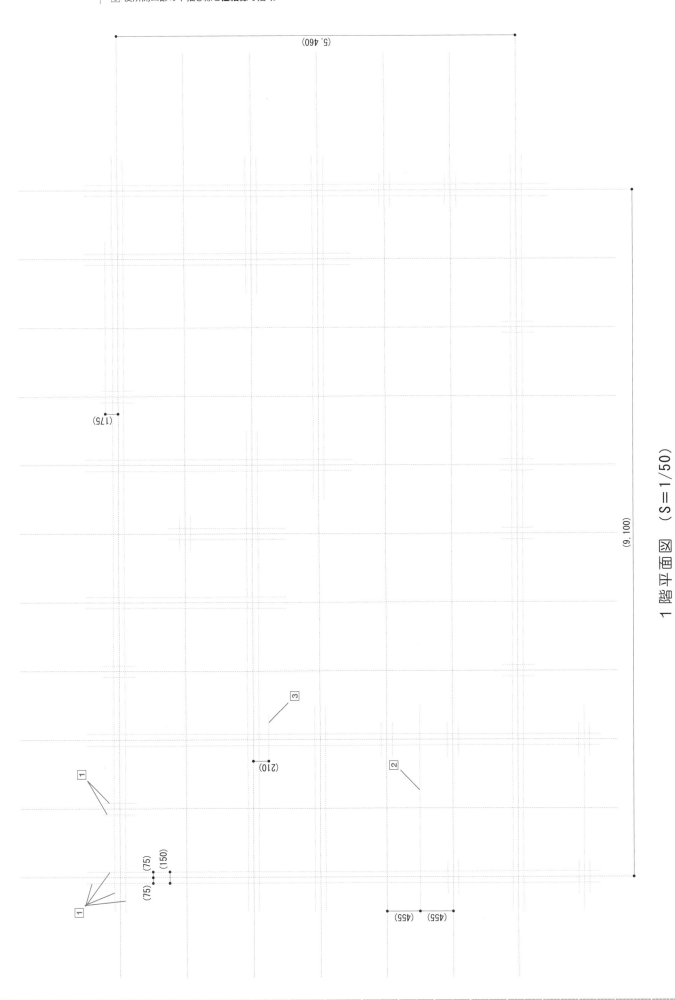

1階平面図 （S＝1/50）

作図手順

❸

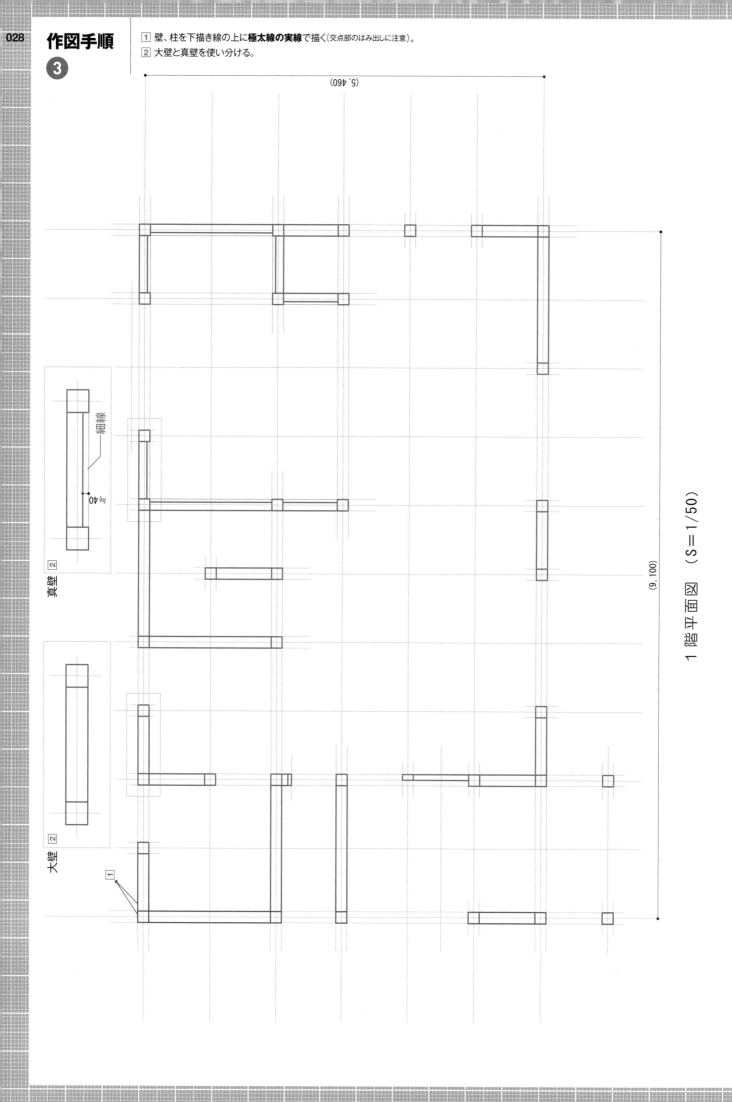

(5,460)

(9,100)

1 階平面図 （S＝1/50）

真壁 ☐2

細線

≒40

大壁 ☐2

☐1

作図手順 ④

1. 建具（断面）を**極太線の実線**で描く。　② 建具（見えがかり）を**細線の実線**で描く。　③ 建具（開き戸の軌跡）を**細線の実線**で描く。
④ 建具（引き戸の移動位置）を**細線の破線**で描く。　⑤ 玄関ポーチと勝手口の下描き線を**極細線**で描く。

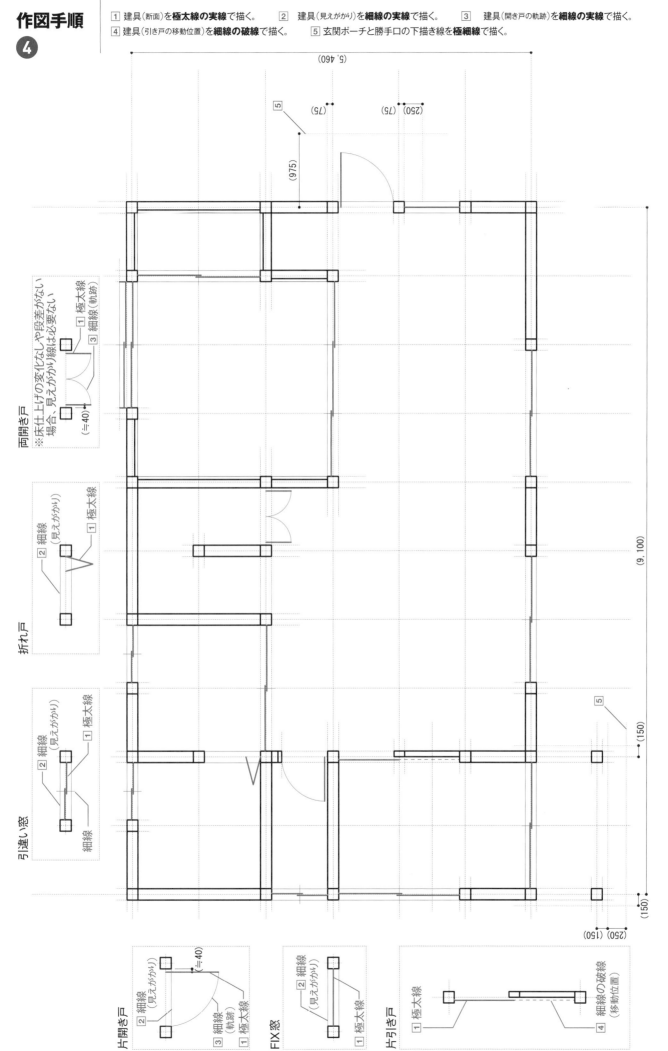

1階平面図　（S＝1/50）

作図手順 ❺

1. 造付け設備等（浴槽、洗面器、便器、キッチン流し・レンジ）や造付け家具（下駄箱、棚類）を**細線の実線**で描く。ただし、キッチン上の吊り戸棚やレンジ上の換気扇は隠れ線なので**細線の破線**で描く。
2. 畳、階段（上り方向の矢印も含む）、上がり框などの見えがかり線を**細線の実線**で描く。
3. 後付けの家具（テーブル）や電化製品（洗濯機、冷蔵庫）を**細線の破線**で描く。
4. 換気扇の記号を**細線の実線**で描く。
5. 2階吹抜けの位置は隠れ線なので**細線の破線**で描く。
6. 通し柱の記号を**細線の実線**で描く。
7. 玄関ポーチ、勝手口の見えがかり線を**細線の実線**で描く。

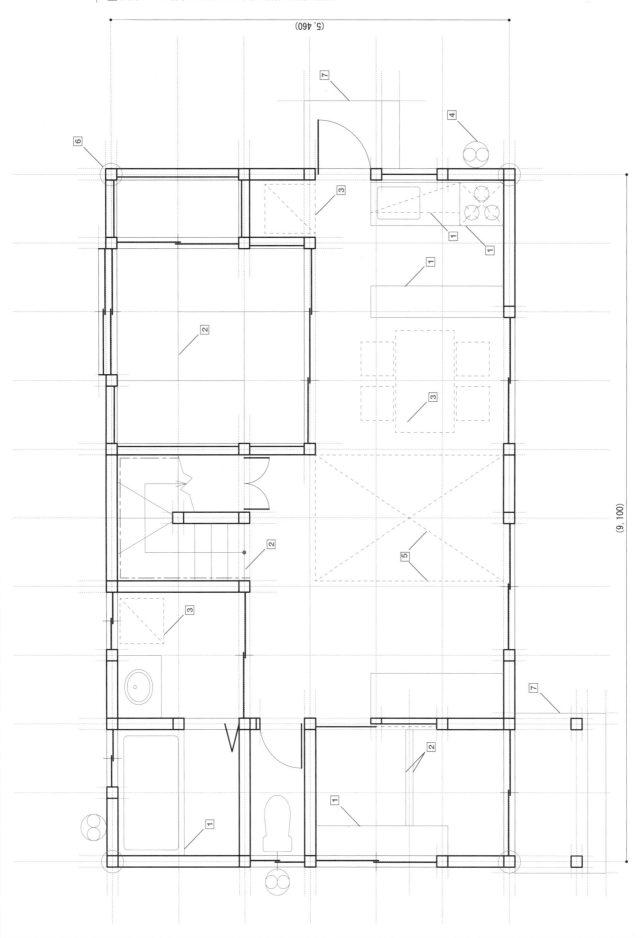

1階平面図（S＝1/50）

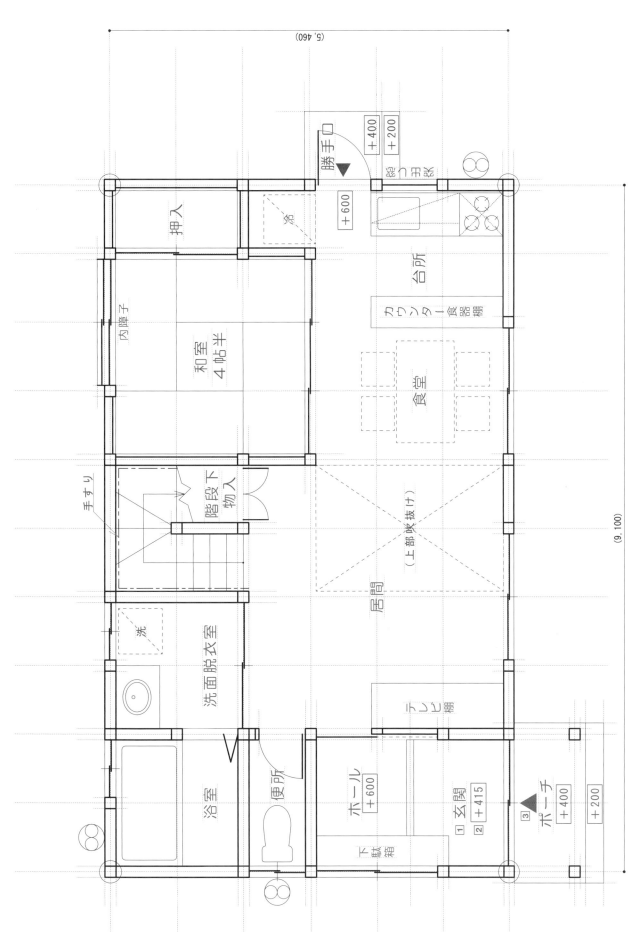

（5,460）

（9,100）

1 階平面図 （S＝1/50）

押入

内障子

和室
4帖半

手すり

階段下
物入

洗

洗面脱衣室

居間

（上部吹抜け）

食堂

カウンター食器棚

台所

勝手口

冷

+400

+200

+600

浴室

便所

テレビ棚

ホール
+600

玄関
+415

ポーチ
+400

+200

下駄箱

① ② ③

作図手順
❼

① 通り芯を**細線の一点鎖線**で描き、基準記号の「○」部分を**太線の実線**で描き、文字を記入する。　② 寸法線を**細線の実線**で描く。

③ 文字の下描き線を**極細線**で描いた後、寸法値を記入する。　④ 切断線を細線の二点鎖線で描き、切断方向の矢印を**太線の実線**で描く。

⑤ 方位記号を**太線の実線**で描く。

N

1階平面図（S＝1/50）

勝手口
＋600
＋400
＋200

押入
床
内障子
和室　4帖半
手スリ
階段下物入
（上部吹抜け）
台所
カウンター食器棚
食堂
居間
テレビ棚

洗面脱衣室
洗
浴室
便所
ホール　＋600
玄関　＋415
下駄箱
ポーチ　＋400　＋200

5,460
1,820　910　2,730
975　985　75　250
＋400　＋200
910
2,730
1,820
1,820
1,820
9,100

X₅　X₄　X₃　X₂　X₁　X₀

1,820　910　2,730　910
5,460

Y₃　Y₂　Y₁　Y₀

250　150　1,060　1,820　150

＜凡例＞
□ ：通し柱
⊗ ：換気扇

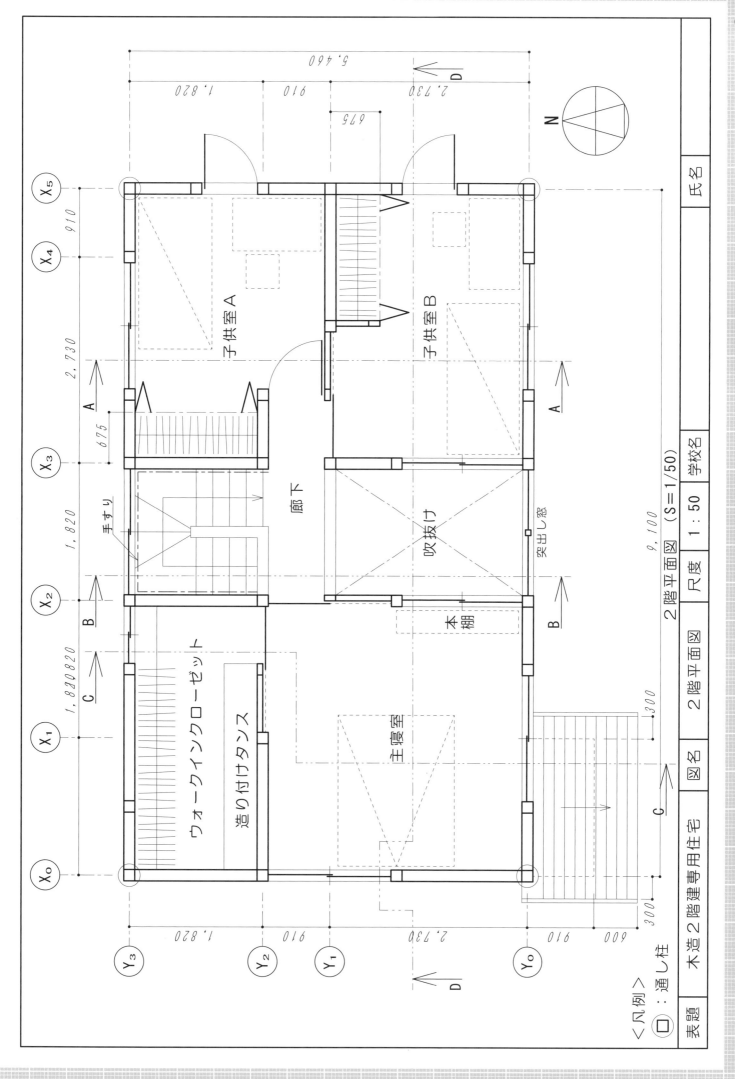

2階平面図　（S＝1/50）

| 表題 | 木造2階建専用住宅 | 図名 | 2階平面図 | 尺度 | 1：50 | 学校名 | | 氏名 | |

＜凡例＞
□：通し柱

子供室A

子供室B

廊下

吹抜け

突出し窓

本棚

主寝室

ウォークインクローゼット

造り付けタンス

手すり

N

2 屋根形状の種類と表現

[1] 軒先まわり

断面詳細図（S＝1/10）

910

軒桁中心

Y₀

10

4

下地板先端

軒桁：120×210

屋根　平形屋根スレート　t4.5　葺

ひねり金物

下葺

アスファルトルーフィング　940下地

野地板　耐水合板　t15

羽子板ボルト

SB・F

Z₂　▽ 軒高

垂木　45×90@455

広小舞：15×120

廻縁：45×45

軒樋：塩ビ製
半円形
100Φ

軒裏：繊維板 t7
張り OP 塗

壁：石コウボード
t=9.5下地ビニー
ルクロス張り

鼻隠：20×240

外壁：サイディング t12
タテ胴縁：18×45@455
透湿防水シート
構造用合板 t=9

断面図（S＝1/10）　（実際はS＝1/100、1/50で描く）

910

10

4

Z₂　▽ 軒高

≒50

≒100

≒150

≒50

≒200

軒ドイ省略

立面図（S＝1/10）　（実際はS＝1/100、1/50で描く）

910

Z₂　▽ 軒高

屋根仕上げ

破風板

≒50

≒100

≒150

≒50

≒200

軒ドイ省略

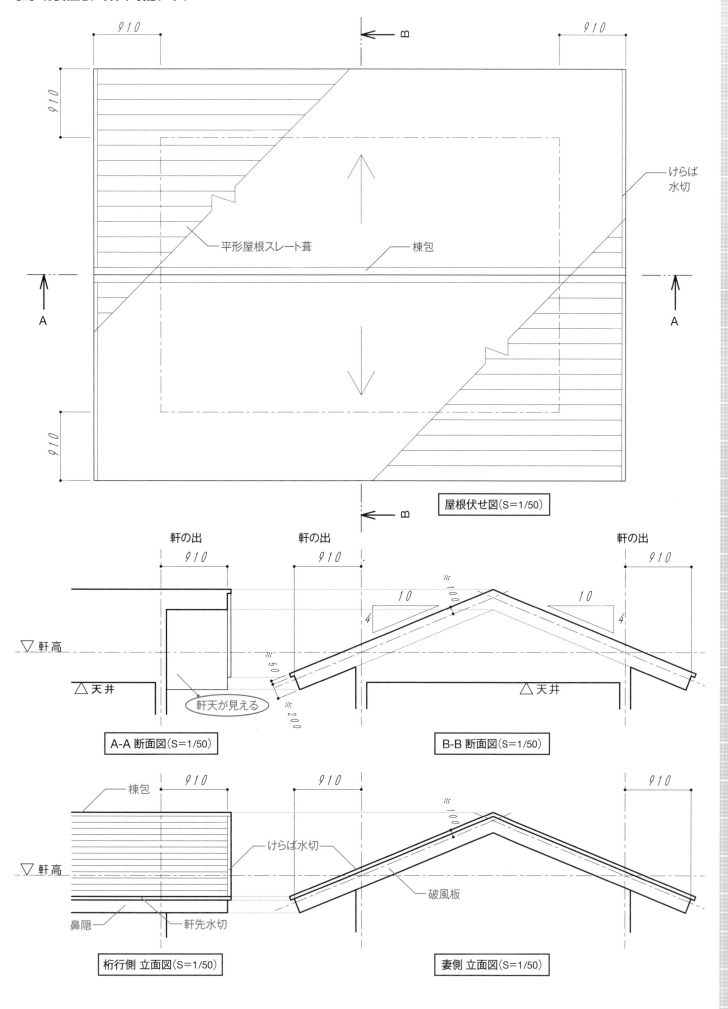

910

910

910

けらば
水切

平形屋根スレート葺

棟包

B

A

A

910

910

屋根伏せ図（S＝1/50）

B

軒の出

軒の出

軒の出

910

910

910

10

10

≒100

≒100

▽軒高

4

4

△天井

△天井

≒50

軒天が見える

≒200

A-A 断面図（S＝1/50）

B-B 断面図（S＝1/50）

棟包

910

910

910

けらば水切

≒100

▽軒高

破風板

鼻隠

軒先水切

桁行側 立面図（S＝1/50）

妻側 立面図（S＝1/50）

［3］切妻屋根・軒天水平タイプ

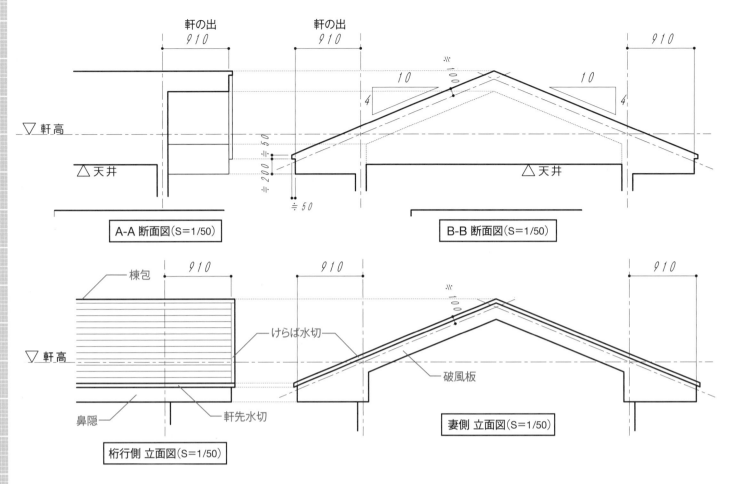

軒の出
910

軒の出
910

910

10

10

4

4

▽軒高

△天井

△天井

≒200　≒50

≒50

A-A 断面図（S=1/50）

B-B 断面図（S=1/50）

910

910

910

棟包

けらば水切

破風板

▽軒高

鼻隠

軒先水切

妻側 立面図（S=1/50）

桁行側 立面図（S=1/50）

［4］切妻屋根・軒天化粧タイプ

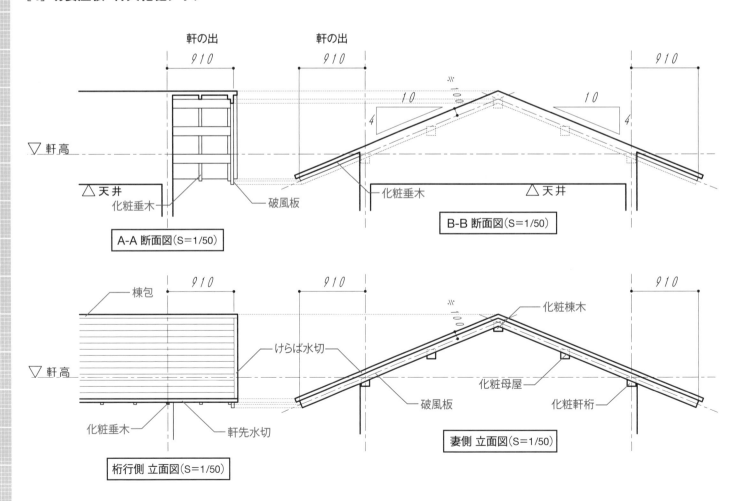

軒の出
910

軒の出
910

910

10

10

4

4

▽軒高

△天井

化粧垂木

破風板

化粧垂木

△天井

A-A 断面図（S=1/50）

B-B 断面図（S=1/50）

910

910

910

棟包

けらば水切

化粧棟木

化粧母屋

破風板

化粧軒桁

▽軒高

化粧垂木

軒先水切

妻側 立面図（S=1/50）

桁行側 立面図（S=1/50）

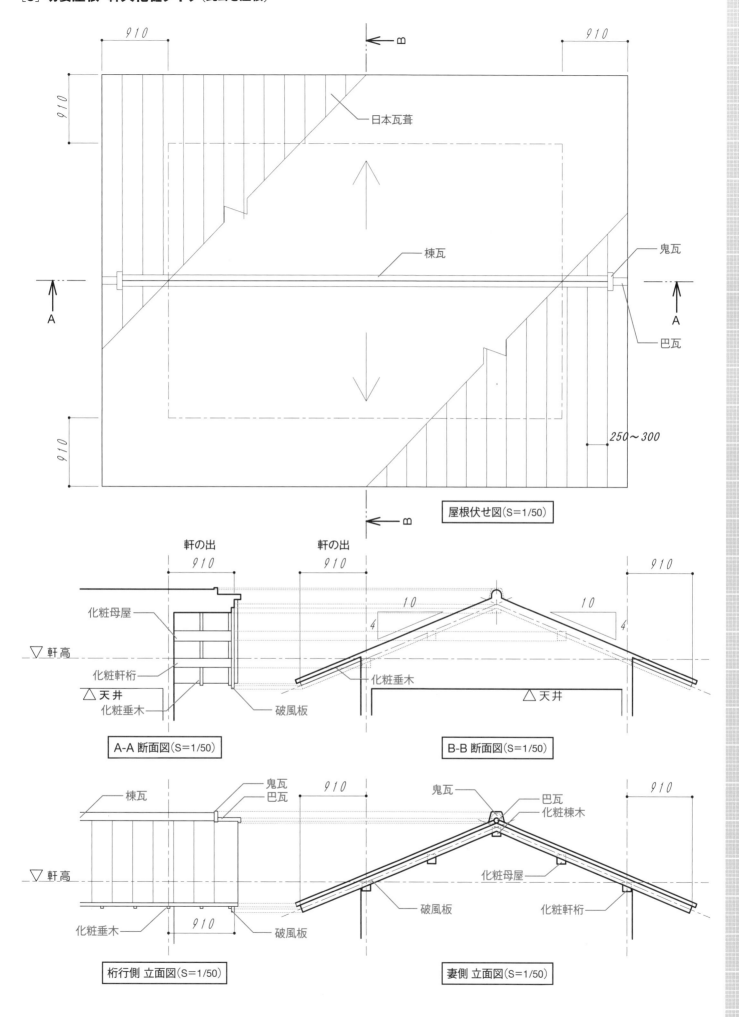

910

910

910

910

日本瓦葺

棟瓦

鬼瓦

巴瓦

250～300

屋根伏せ図（S＝1/50）

軒の出

軒の出

910

910

化粧母屋

10

10

▽ 軒高

4

4

化粧軒桁

化粧垂木

△ 天井

△ 天井

化粧垂木

破風板

A-A 断面図（S＝1/50）

B-B 断面図（S＝1/50）

910

910

棟瓦

鬼瓦

鬼瓦

巴瓦

巴瓦

化粧棟木

▽ 軒高

化粧母屋

化粧垂木

910

破風板

破風板

化粧軒桁

桁行側 立面図（S＝1/50）

妻側 立面図（S＝1/50）

［6］切妻屋根・軒天勾配タイプ（瓦葺き屋根）

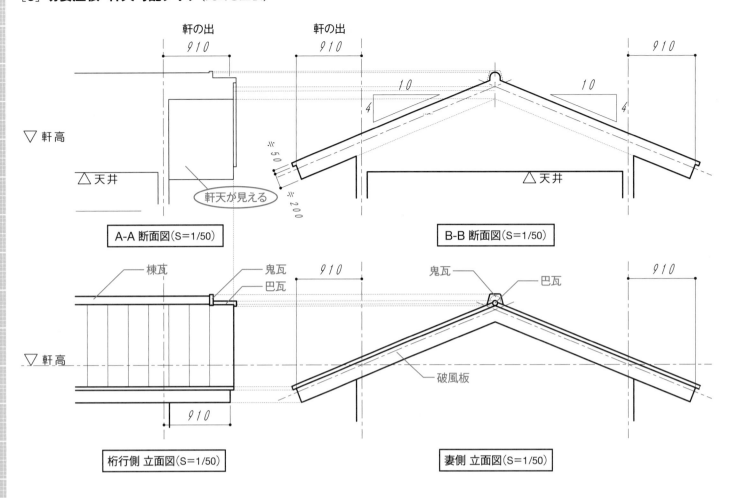

軒の出
910

軒の出
910

910

▽軒高

△天井

軒天が見える

A-A 断面図（S＝1/50）

10

4

≒50

≒200

10

4

△天井

B-B 断面図（S＝1/50）

棟瓦

鬼瓦
巴瓦

▽軒高

910

桁行側 立面図（S＝1/50）

910

鬼瓦

巴瓦

破風板

910

妻側 立面図（S＝1/50）

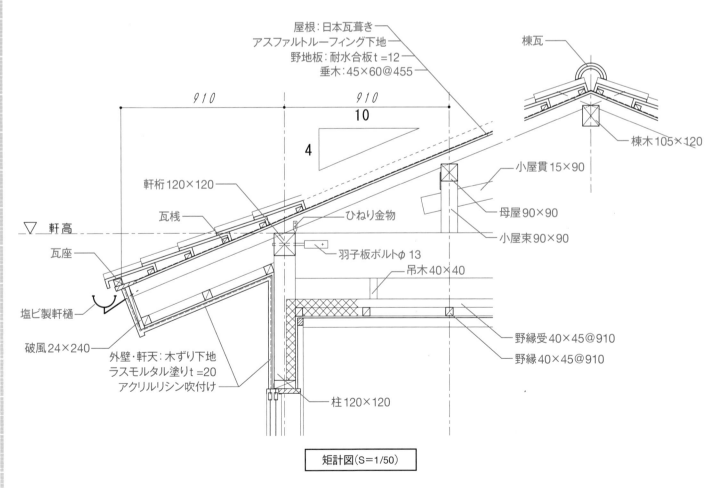

屋根：日本瓦葺き
アスファルトルーフィング下地
野地板：耐水合板 t ＝12
垂木：45×60＠455

棟瓦

910

910

10

4

棟木105×120

軒桁120×120

瓦桟

ひねり金物

小屋貫 15×90

母屋90×90

小屋束90×90

▽軒高

羽子板ボルトφ 13

吊木40×40

瓦座

塩ビ製軒樋

破風24×240

外壁・軒天：木ずり下地
ラスモルタル塗りt ＝20
アクリルリシン吹付け

柱120×120

野縁受40×45＠910

野縁40×45＠910

矩計図（S＝1/50）

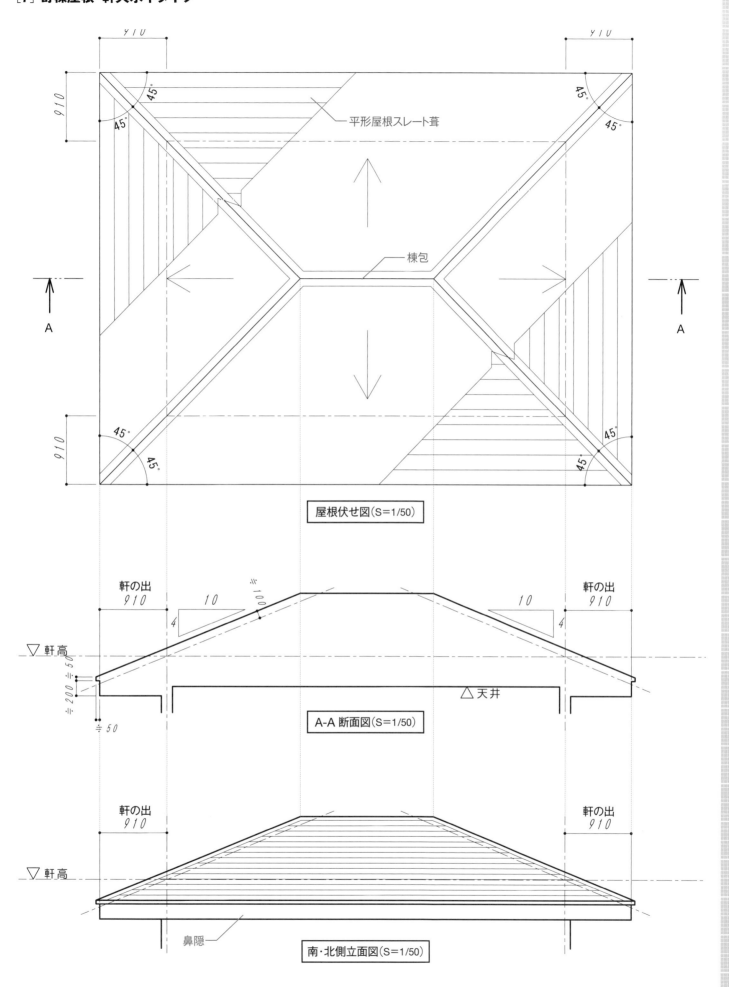

屋根伏せ図（S＝1/50）

A-A 断面図（S＝1/50）

南・北側立面図（S＝1/50）

[8] 入母屋屋根・軒天水平タイプ

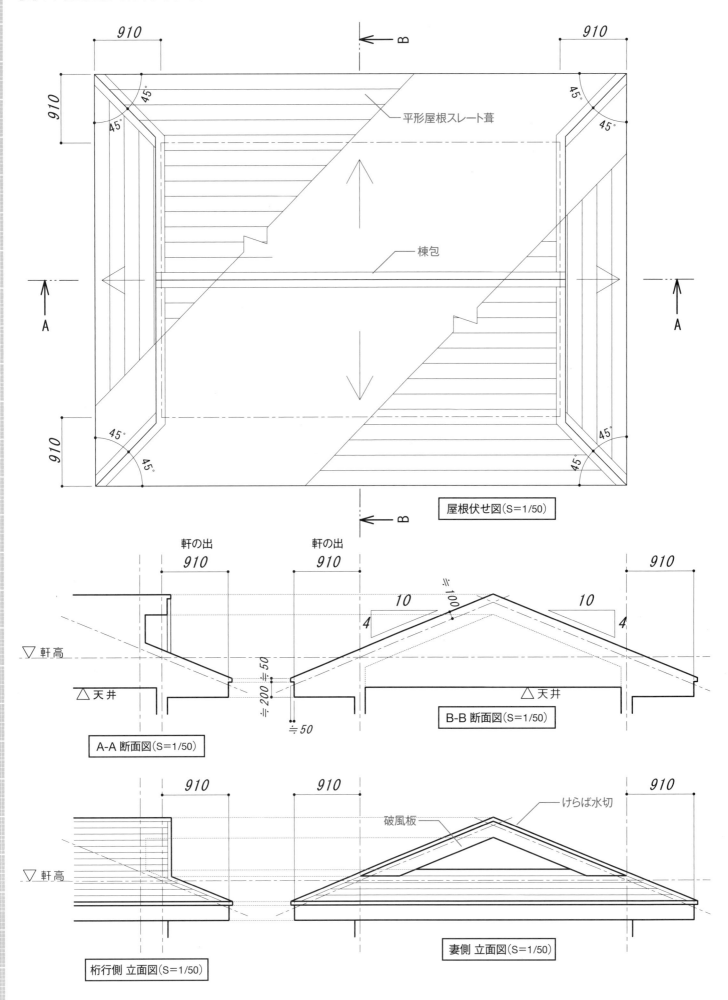

平形屋根スレート葺

棟包

屋根伏せ図(S=1/50)

軒の出 910

軒の出 910

≒100

10

10

4

4

▽軒高

△天井

≒200 ≒50

≒50

△天井

A-A 断面図(S=1/50)

B-B 断面図(S=1/50)

910

910

910

けらば水切

破風板

▽軒高

桁行側 立面図(S=1/50)

妻側 立面図(S=1/50)

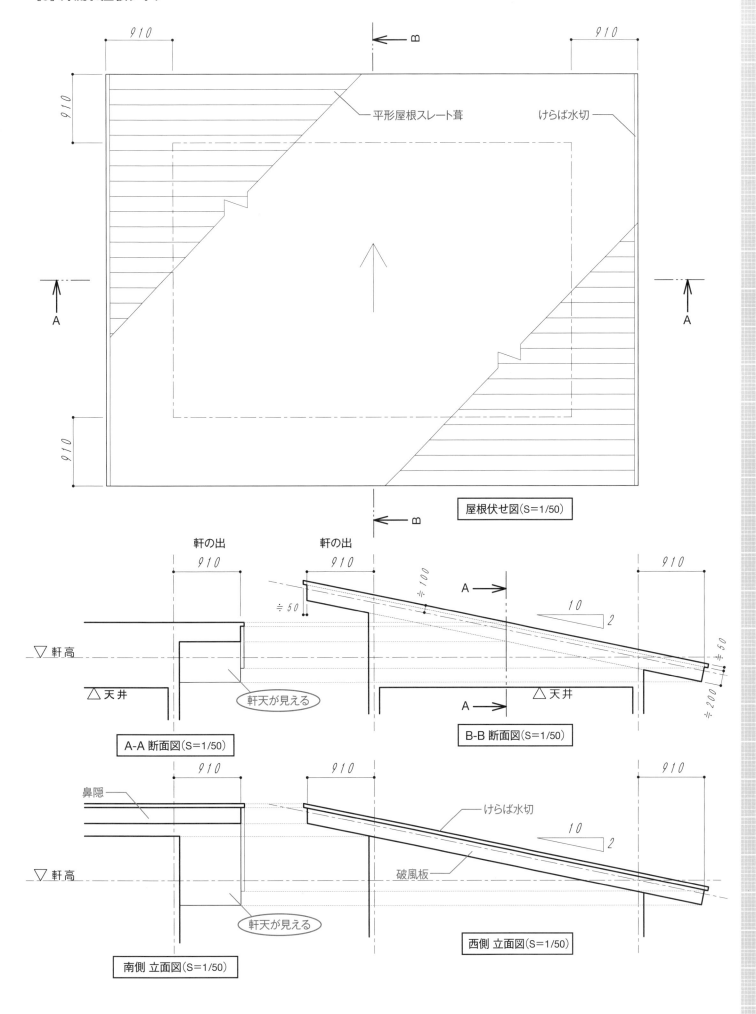

平形屋根スレート葺

けらば水切

屋根伏せ図（S＝1/50）

軒の出

軒の出

910

910

≒100

≒50

A

10

2

▽軒高

△天井

≒50

≒200

軒天が見える

△天井

A-A 断面図（S＝1/50）

B-B 断面図（S＝1/50）

910

910

910

鼻隠

けらば水切

10

2

破風板

▽軒高

軒天が見える

西側 立面図（S＝1/50）

南側 立面図（S＝1/50）

3

L形平面の屋根伏図と立面図の関係

L形となる平面計画の屋根伏図と玄関の関係を切妻屋根A〜E、寄棟屋根、入母屋屋根、片流れ屋根A〜Cの10タイプについて表します。

切妻屋根A

最も一般的な屋根のかけ方。南面の開口部で四季の太陽光の調整が容易。

屋根の厚みを考えない場合（縮尺：1/200）

屋根勾配は5/10とする

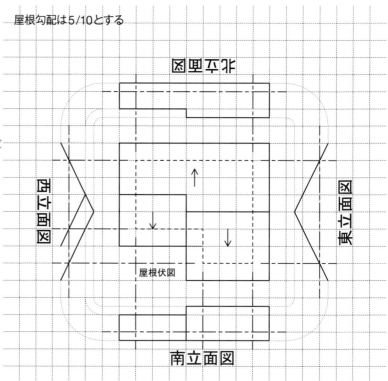

北平面図

西立面図

東立面図

屋根伏図

南立面図

屋根の厚みを考慮した場合（縮尺：1/100）

北平面図 （S＝1/100）

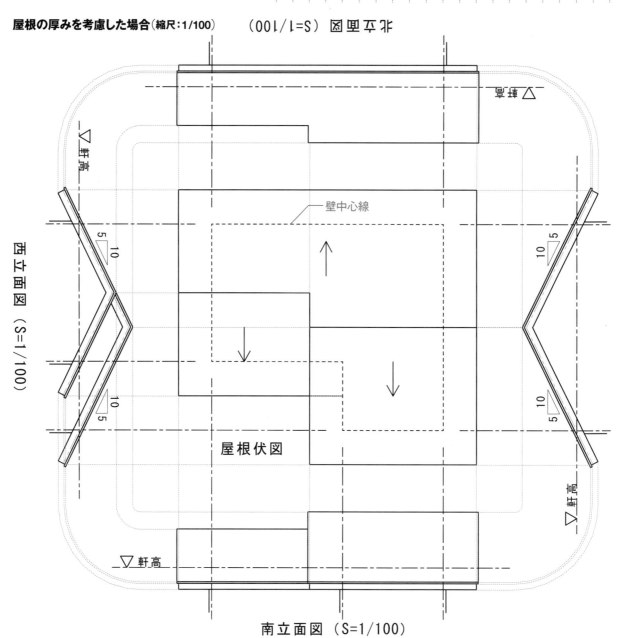

軒高 △

壁中心線

西立面図 （S＝1/100）

東立面図 （S＝1/100）

屋根伏図

軒高

南立面図 （S＝1/100）

切妻屋根B

長辺方向に屋根をかける大屋根タイプ。建築物を大きく見せる。南面の開口部で四季の太陽光の調整がしにくいため、窓庇が必要な場合あり。

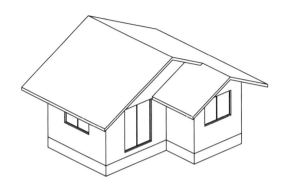

屋根の厚みを考えない場合(縮尺：1/200)

屋根勾配は5/10とする

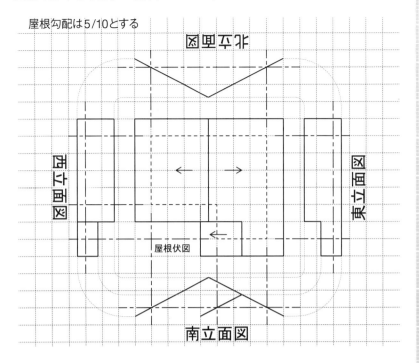

北平面図

西立面図

東立面図

屋根伏図

南立面図

切妻屋根C

切妻の大屋根タイプの一部を入母屋形式にしたもの。

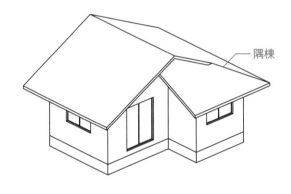

隅棟

屋根勾配は5/10とする

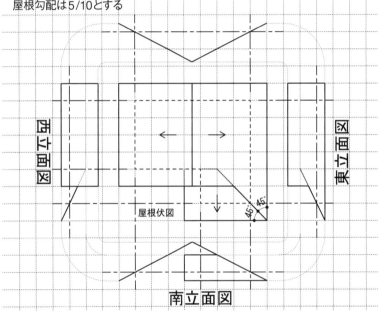

西立面図

東立面図

屋根伏図

45°　45°

南立面図

切妻屋根D

2つの切妻屋根が交差して屋根を構成。交差部に「谷」ができるため、雨仕舞に注意。

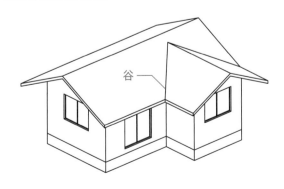

谷

屋根勾配は5/10とする

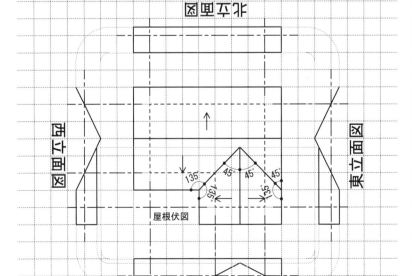

北平面図

西立面図

東立面図

135°　45°　45°　45°　135°
135°　135°

屋根伏図

南立面図

切妻屋根E

切妻屋根の一部が寄棟屋根となっている。

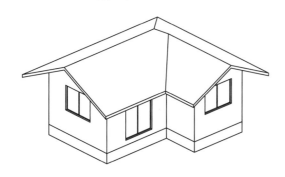

屋根の厚みを考えない場合（縮尺：1/200）

屋根勾配は5/10とする

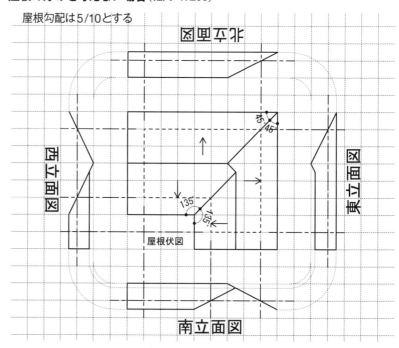

北平面図

西立面図

東立面図

屋根伏図

45
45
135
135

南立面図

寄棟屋根

破風がないため、落ち着いた雰囲気。開口部で四季の太陽光の調整が容易。

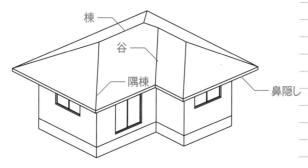

棟
谷
隅棟
鼻隠し

屋根勾配は5/10とする

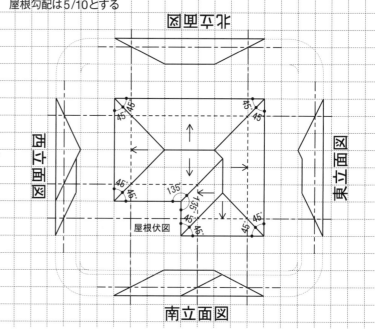

北平面図

西立面図

東立面図

屋根伏図

45
45
45
45
45
45
135
135
45
45
45

南立面図

入母屋屋根

寄棟屋根の上に切妻屋根を乗せ、一体化したもの。神社仏閣に多く用いられる。

破風

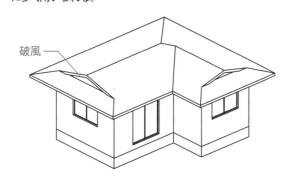

屋根勾配は5/10とする

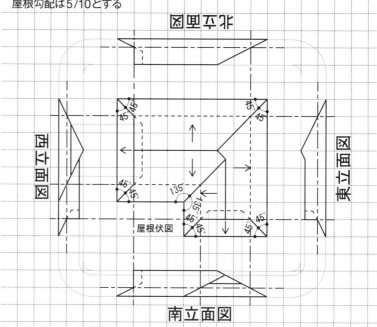

北平面図

西立面図

東立面図

屋根伏図

45
45
45
45
45
135
135
45
45
45

南立面図

片流れ屋根A

2つの流れ方向が逆の片流れ屋根を組み合わせた屋根。

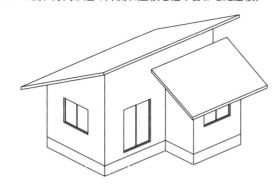

屋根の厚みを考えない場合（縮尺：1/200）

屋根勾配は5/10とする

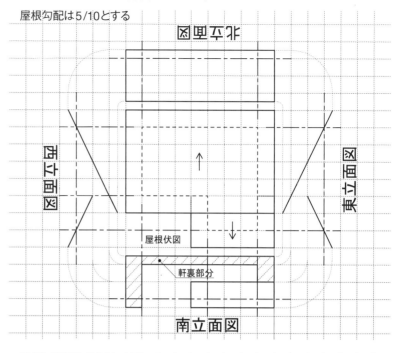

北平面図

西立面図

東立面図

屋根伏図

軒裏部分

南立面図

片流れ屋根B

最も単純な形の屋根で、一方向だけに勾配のある屋根。

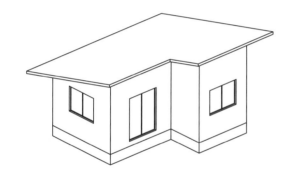

屋根勾配は2.5/10とする

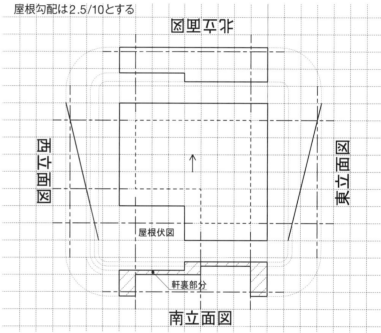

北平面図

西立面図

東立面図

屋根伏図

軒裏部分

南立面図

片流れ屋根C

片流れの大屋根タイプ。

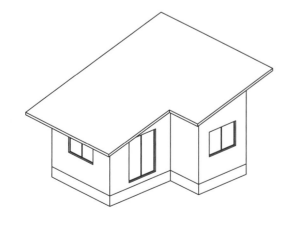

屋根勾配は2.5/10とする

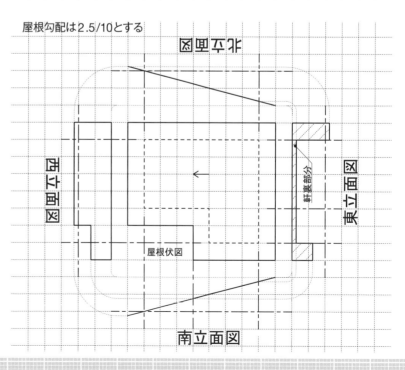

北平面図

西立面図

東立面図

軒裏部分

屋根伏図

南立面図

4

開口部の平面・立面・断面図の関連性

建築物には、窓や扉などの開口部を、外壁および内壁に設ける必要がありますが、その表現は縮尺によって違います。ここでは、縮尺1/100の表現をわかりやすく1/30および1/50で説明します。平面・立面・断面図の関連性を理解してください。

引違い窓（腰窓）

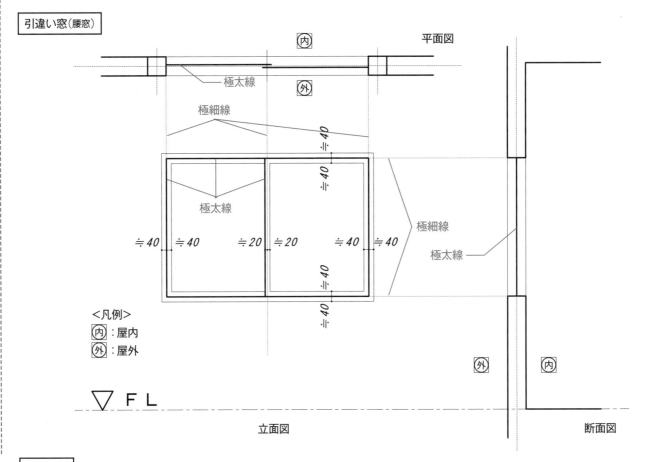

<凡例>
内：屋内
外：屋外

片開き扉

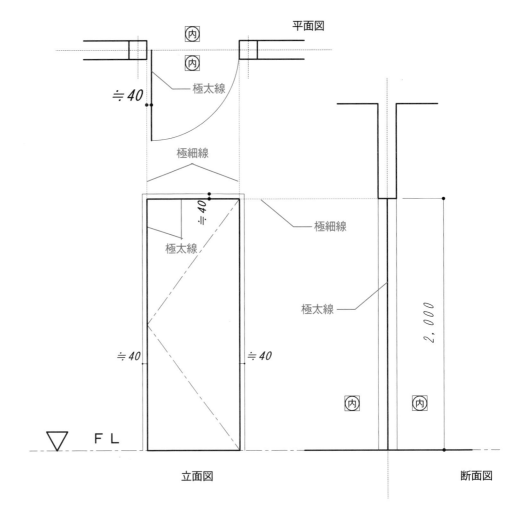

※上記の図面は縮尺1/30

［1］開口部表示における平面・立面・断面図の関連性（1）　※ 縮尺はすべて1/50

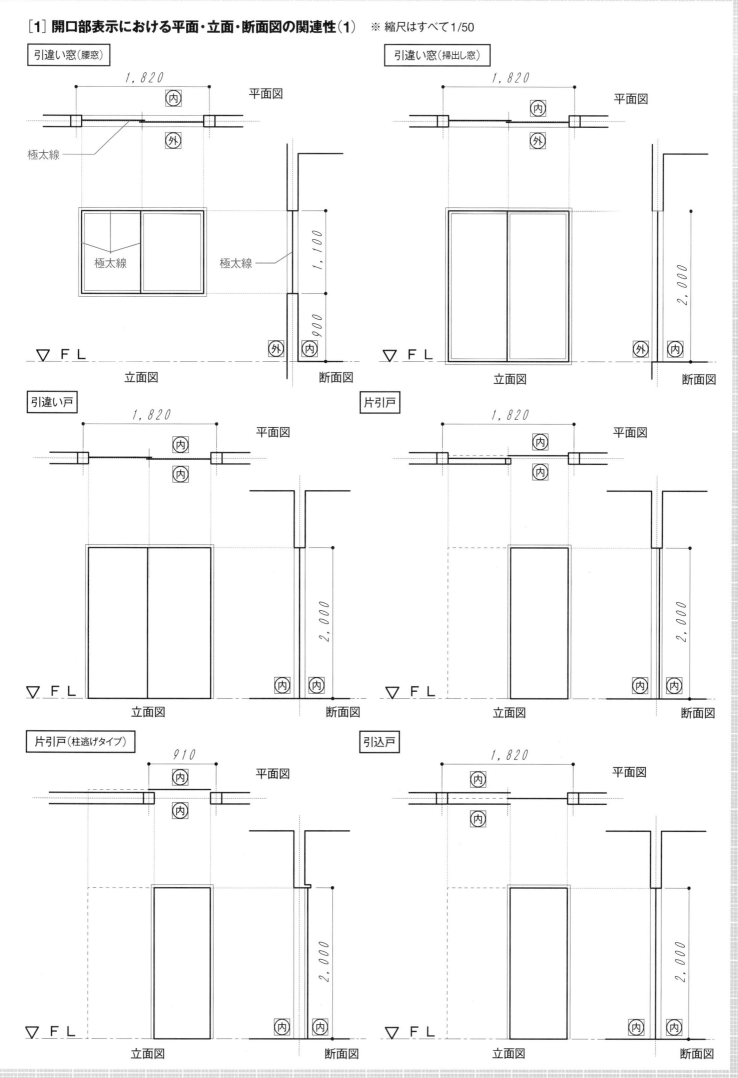

引違い窓（腰窓）

1,820

内
外

平面図

極太線

極太線

極太線

1,100

900

▽ FL

外　内

立面図　　断面図

引違い窓（掃出し窓）

1,820

内
外

平面図

2,000

▽ FL

外　内

立面図　　断面図

引違い戸

1,820

内
内

平面図

2,000

▽ FL

内　内

立面図　　断面図

片引戸

1,820

内
内

平面図

2,000

▽ FL

内　内

立面図　　断面図

片引戸（柱逃げタイプ）

910

内
内

平面図

2,000

▽ FL

内　内

立面図　　断面図

引込戸

1,820

内
内

平面図

2,000

▽ FL

内　内

立面図　　断面図

048

[2] 開口部表示における平面・立面・断面図の関連性（2）　※ 縮尺はすべて1/50

片開き窓（腰窓）

910

平面図

内

外

極太線

1,100

900

▽FL

外　内

立面図　　　　　断面図

片開き窓（掃出し窓）

910

平面図

内

外

2,000

▽FL

外　内

立面図　　　　断面図

片開き扉

910

平面図

内

内

2,000

▽FL

内　内

立面図　　　　断面図

折れ戸（浴室等）

910

平面図

浴

2,000

▽FL

浴

立面図　　　　断面図

出入口一般（建具なし）

910

平面図

内

内

2,000

▽FL

内　内

立面図　　　　断面図

窓一般（建具なし）

910

平面図

内

外

1,100

900

▽FL

外　内

立面図　　　　断面図

はめごろし窓（FIX窓）

平面図

内

外

F

立面図

910

1,100

900

外　内

断面図

▽ FL

上げ下げ窓

平面図

内

外

910

立面図

外　内

断面図

▽ FL

横軸回転窓

平面図

内

外

910

立面図

1,100

900

外　内

断面図

▽ FL

縦軸回転窓

平面図

内

外

910

立面図

外　内

断面図

▽ FL

突出し窓

平面図

内

外

910

立面図

外　内

断面図

▽ FL

横すべり出し窓

平面図

内

外

910

立面図

外　内

断面図

▽ FL

［4］ 開口部表示における平面・立面・断面図の関連性（4） ※ 縮尺はすべて1/50

両開き窓（腰窓）

1,820

内

外

平面図

1,100

900

▽ F L

立面図

断面図

外 内

両開き窓（掃出し窓）

1,820

内

外

平面図

2,000

▽ F L

立面図

断面図

外 内

両開き扉

1,820

内

内

平面図

2,000

F L

立面図

断面図

シャッター付き引違い窓（腰窓）

1,820

内

外

平面図

雨戸付引違い窓（腰窓）

1,820

内

外

平面図

格子付き引違い窓（腰窓）

1,820

内

外

平面図

自由扉

内

内

平面図

網窓

1,820

内

外

平面図

両開き防火戸および防火壁

内

内

平面図

回転扉

平面図

5 断面図の描き方

断面図とは、建築物を指定したところで鉛直に切断し、矢印方向に見た様子を作図したものです（ただし、壁の側面は見えないものとします）。断面図アイソメ図と平面と断面図の関係を理解した上で、1/100の作図表現で1/50に拡大した図面を作図練習します。

❶ 断面図は、建築物と地盤との関係や各部の高さや形状を示すことが目的です。

❷ 切断する位置は、平面図に示しますが、できるだけ開口部がある部分を通るようにします。

❸ 切断は、必ずしも一直線にする必要はなく、図示する必要がある箇所があれば途中で切断位置を変えることができます。ただし、折曲がりは直角とします。

❹ 断面図に記入する要素は、「基準地盤」「床高」「軒高」「最高高さ」「屋根勾配」「軒の出」「各室の天井高」「開口部高」「床の高低差」「室名」などがあります。

❺ 断面図には高さ方向の基準線があり、「Z0、Z1、‥‥」で表記します。

❻ 断面線は「**極太線の実線**」で、姿線は「**細線の実線**」で作図します。

❼ 屋根勾配を示す直角三角形は、「**細線の実線**」で作図します。

❽ 断面図を作図するときは、平面図を近くに置いて、必要に応じて、平面図から線を延長させ、その関連性を確認しながら描きます。

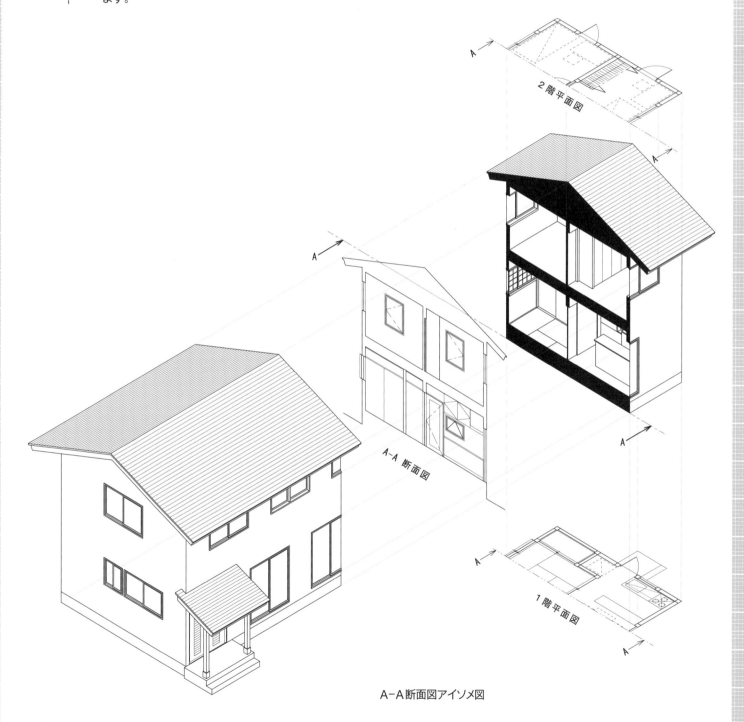

2階平面図

A−A 断面図

1階平面図

A−A断面図アイソメ図

A-A断面図

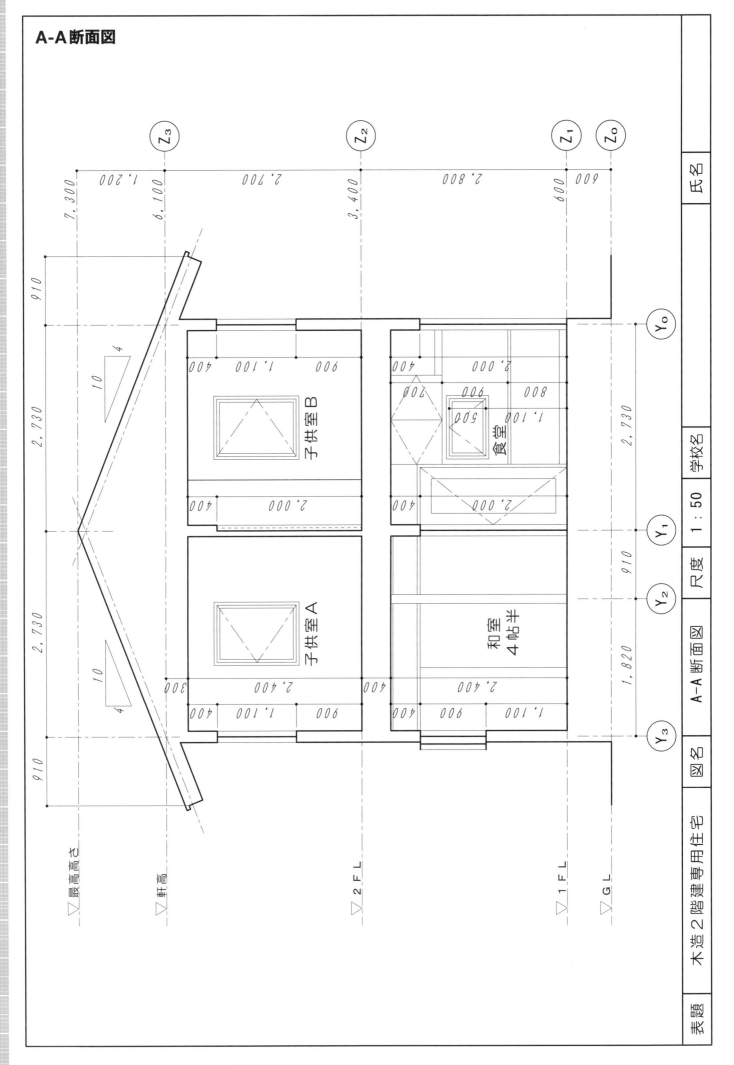

作図手順 ①

[1] 2階平面図の切断線の位置で図のように切取り、組立基準線の下描き線を**極細線**で延長する。　[2] 高さの基準線の下描き線を**極細線**で描く（Z0：地盤線（GL）、Z1：1階床高（1FL）、Z2：2階床高（2FL）、Z3：軒高（軒桁上端））。　[3] 屋根勾配基準線（ここでは4/10勾配）の下描き線を**極細線**で描く（軒高と外周の組立基準線の交点を通るようにする）。　[4] 2階平面図の屋根位置の下描き線を**極細線**で延長する。

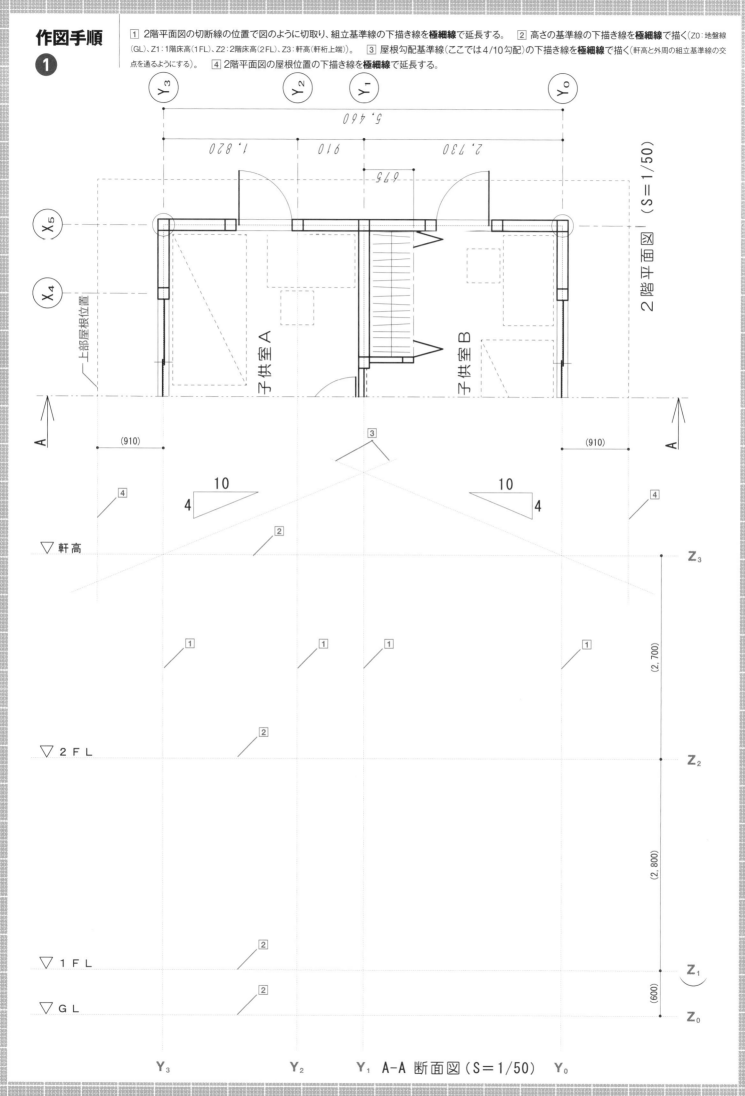

2階平面図 （S=1/50）

5,460
1,820　910　2,730
675

X5　X4

上部屋根位置

子供室A　子供室B

A

(910)　(910)

10　10
4　4

▽軒高

Z3
(2,700)

▽2FL

Z2
(2,800)

▽1FL

Z1
(600)

▽GL

Z0

Y3　Y2　Y1　A-A 断面図 （S=1/50）　Y0

作図手順

②

1 2階平面図の壁厚の下描き線を**極細線**で延長する。　　2 2階平面図の開口部の下描き線を**極細線**で延長する。

3 天井高さ、開口部高さの下描き線を**極細線**で描く。　　4 屋根勾配基準線に屋根形状の下描き線を**極細線**で描く。

2階平面図（S＝1/50）

Y₃　Y₂　Y₁　Y₀

5,460

2,730　910　1,820

675

X₅

X₄

上部屋根位置

子供室A　子供室B

A　A

(910)　(910)

A-A 断面図（S＝1/50）

▽軒高

拡大

(100)
(50)
(50)
(150)
(200)

(50)
(100)
(50)
(150)
(200)

▽2FL

3 天井高

3 開口部上端

3 開口部下端

(400)

(1,100)

(2,400)

(900)

2

2

Z₃

4

(2,700)

Z₂

1

1

1

(2,800)

▽1FL

▽GL

(600)

Z₁

Z₀

Y₃　Y₂　Y₁　Y₀

作図手順 | ① 1階平面図の和室の柱位置の下描き線を**極細線**で延長する。 | ② 1階平面図の開口部の下描き線を**極細線**で延長する。 055

③ 天井高さ、開口部高さの下描き線を**極細線**で描く。

3

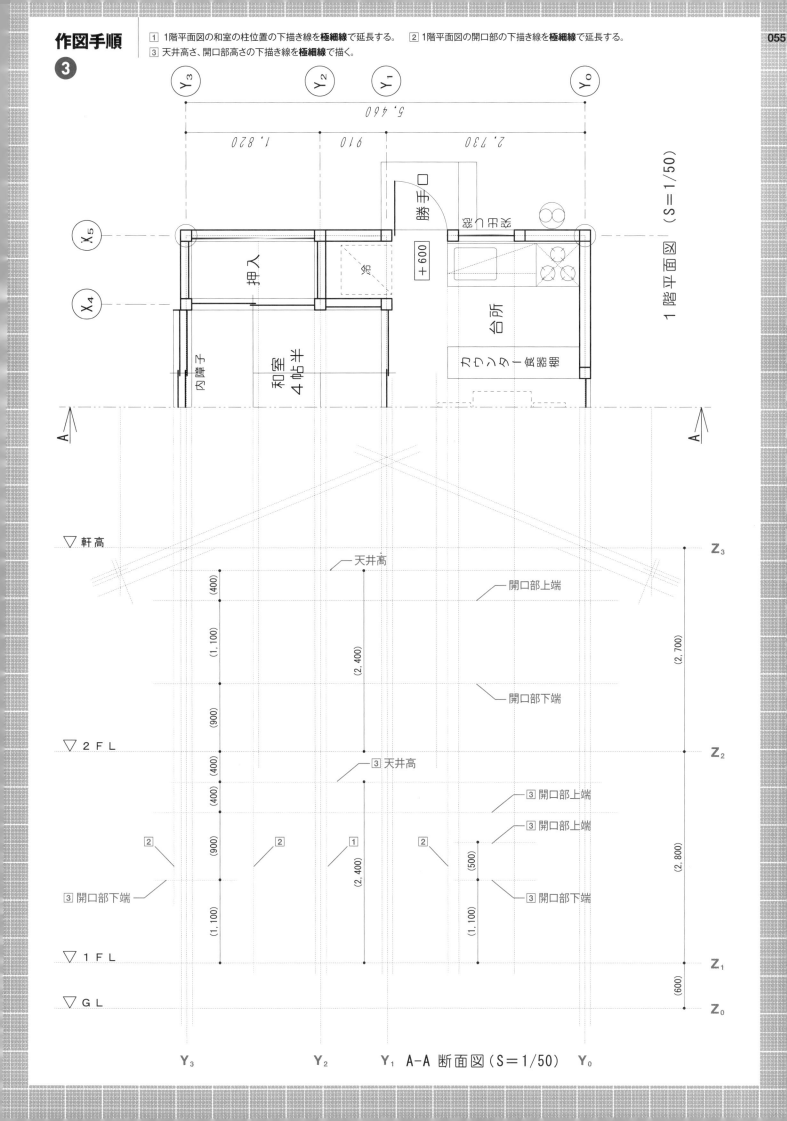

1階平面図（S＝1/50）

A-A 断面図（S＝1/50）

作図手順 ❹

1 屋根、壁、天井、床、地面などの断面線を下描き線の上から**極太線の実線**で描く。　2 開口部の断面を下描き線の上から断面線を**極太線の実線**、見えがかり線を**細線の実線、破線**で描く。　3 開口部の姿線(見えがかり線)を下描き線を利用して、**細線の実線**で描く。　4 1階和室の柱の姿線(見えがかり線)を下描き線を参考に**細線の実線**で描く(柱幅を120mmとし、下描き線の内側に描く)。　5 その他の姿線(見えがかり線)を**細線の実線**で描く。　6 壁の位置が変化する線は**太線の実線**で描く。

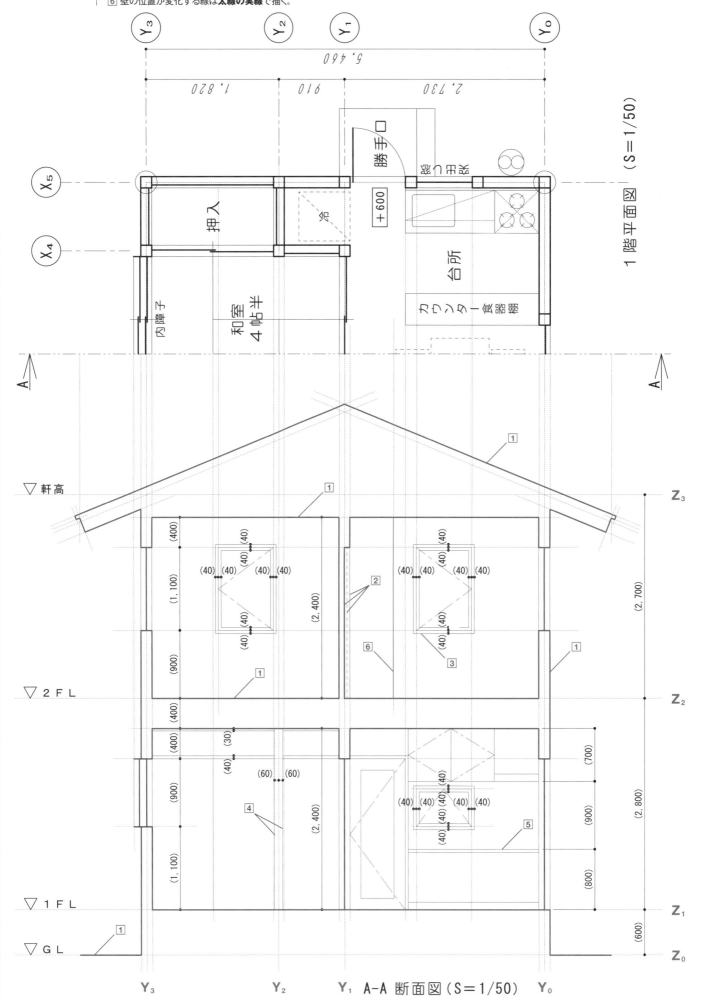

1階平面図（S＝1/50）

A-A 断面図（S＝1/50）

作図手順
⑤

① 組立基準線、屋根勾配基準線を下描き線の上から**細線の一点鎖線**で描き、基準記号（Y0～Y3、Z0～Z4）を描く。 ② 寸法線を**細線の実線**で描き、寸法値を描く。 ③ 部屋名、高さ名称、屋根勾配記号（**細線の実線**）などを描く。

057

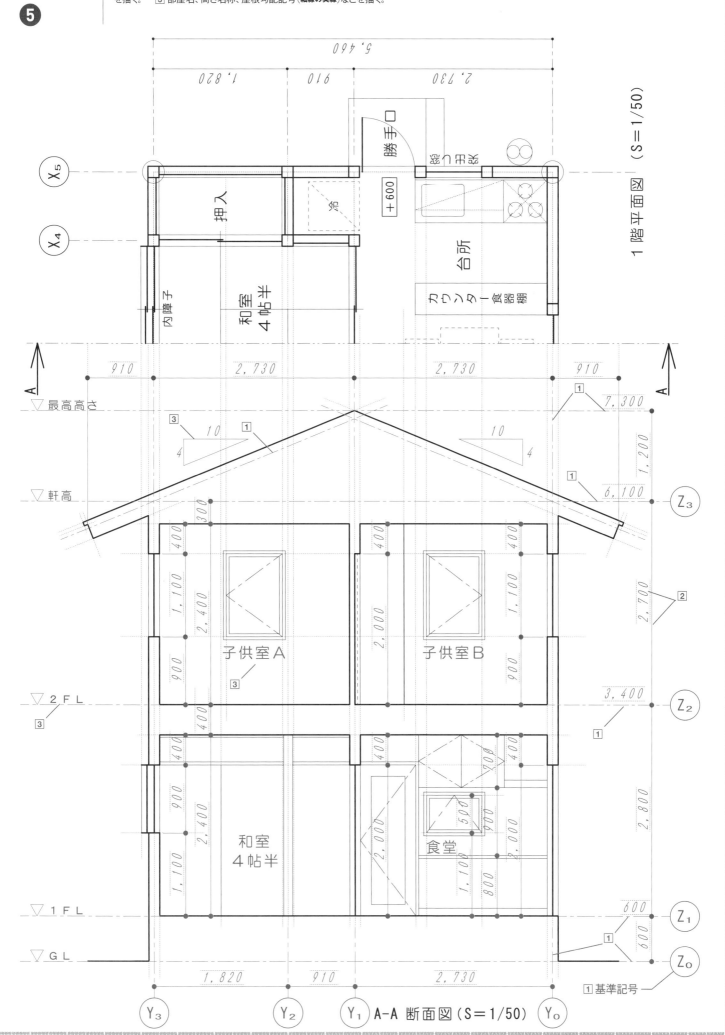

1階平面図（S＝1/50）

A－A 断面図（S＝1/50）

① 基準記号

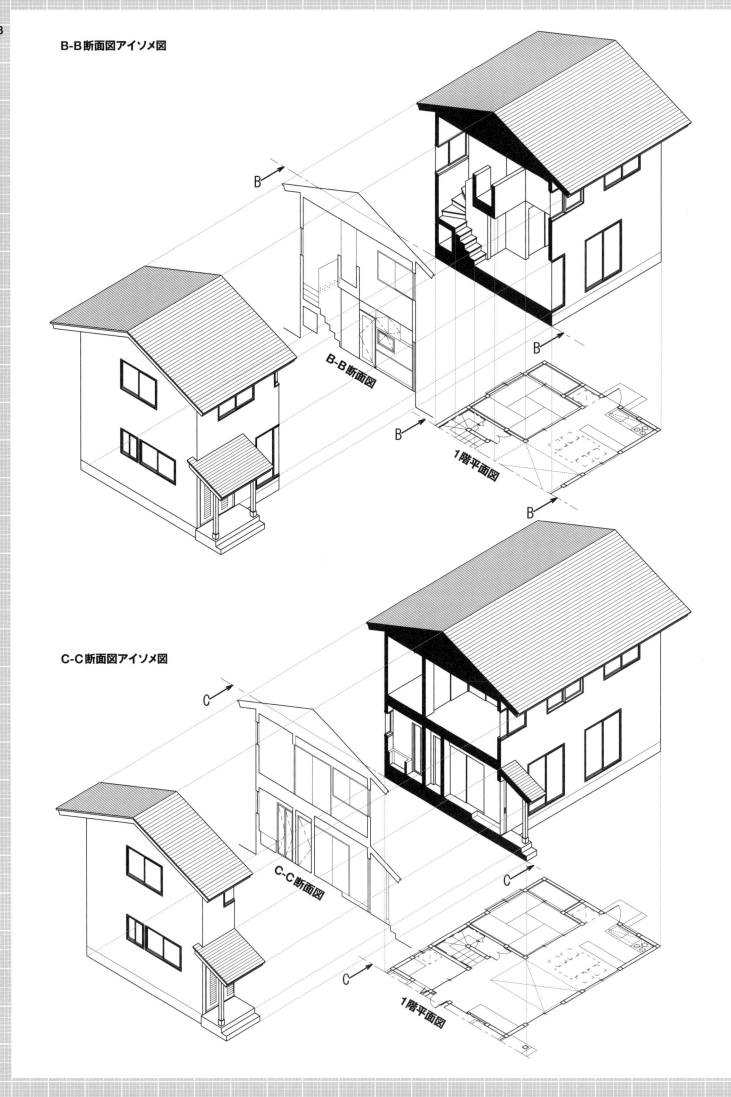

058

B-B断面図アイソメ図

B B

B-B断面図

B

1階平面図

B

B

C-C断面図アイソメ図

C

C

C-C断面図

C

C

1階平面図

B-B断面図

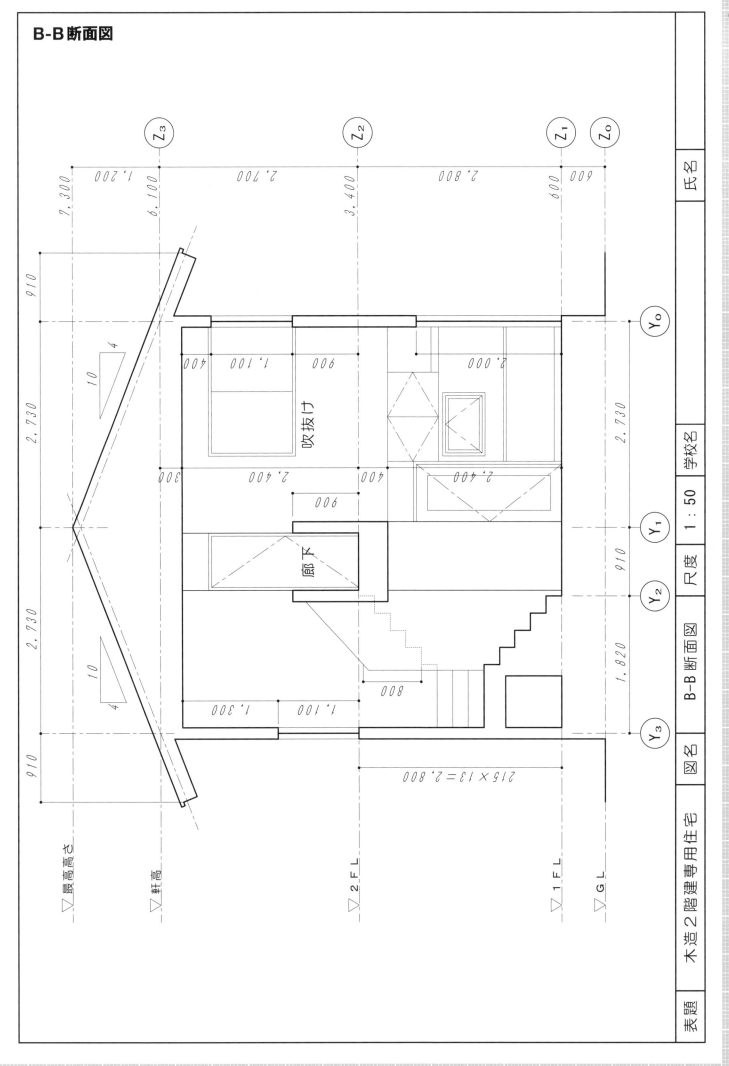

表題　木造2階建専用住宅

図名　B-B断面図

尺度　1：50

学校名

氏名

B-B断面図（1階部）と1階平面図との関連性

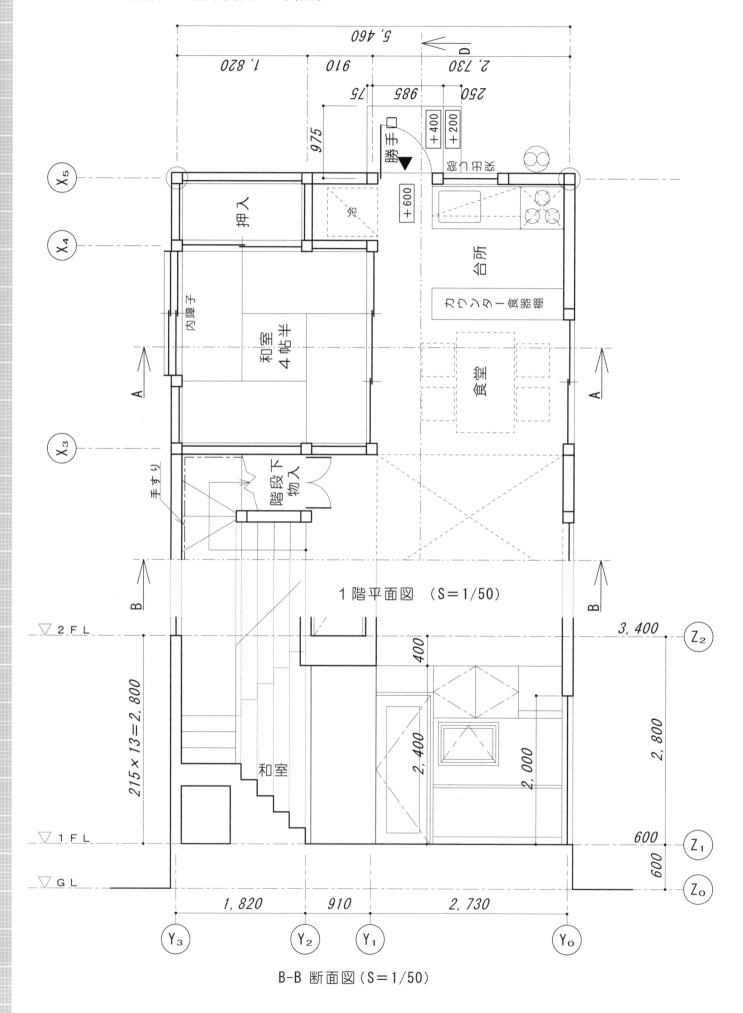

１階平面図　（S＝1/50）

B-B 断面図（S＝1/50）

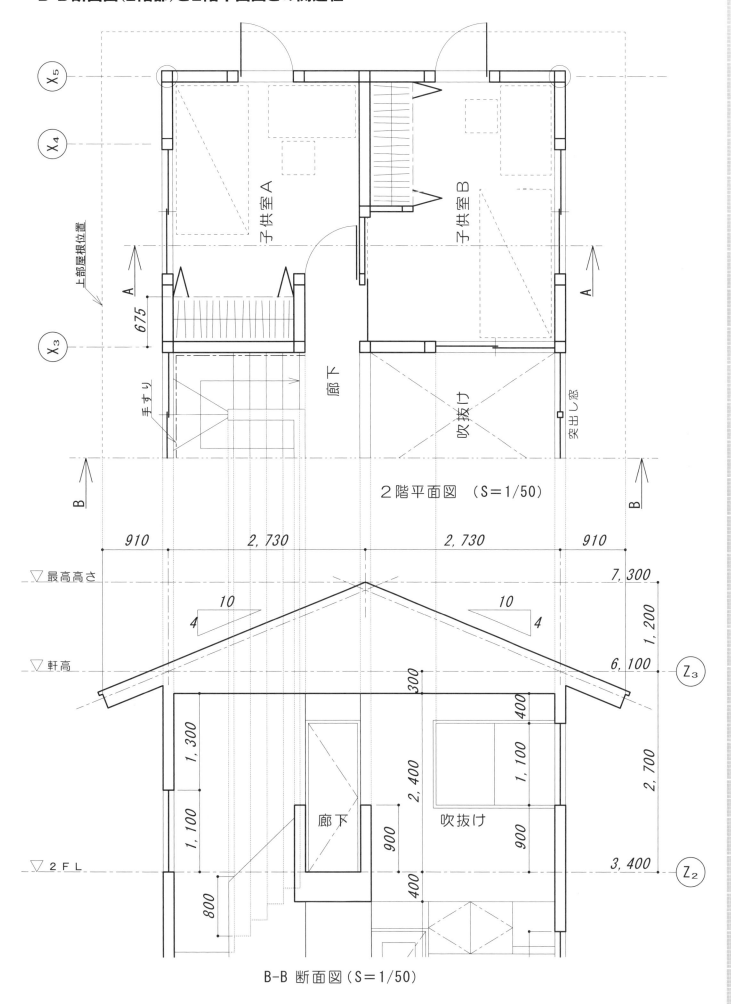

X_5

X_4

上部屋根位置

675

X_3

子供室A

子供室B

A →

A →

手すり

廊下

吹抜け

突出し窓

B →

B →

２階平面図 （S＝1/50）

910　　　2,730　　　2,730　　　910

▽最高高さ　　　　　　　　　　　　　　　　7,300

10　　　　　　　　10
4　　　　　　　　　4

1,200

▽軒高　　　　　　　　　　　　　　　　6,100　　Z_3

300

400

▽2FL　　　　　　　　　　　　　　　　3,400　　Z_2

1,300

1,100

廊下

2,400

900

吹抜け

1,100

900

400

2,700

800

400

B-B 断面図（S＝1/50）

C-C断面図

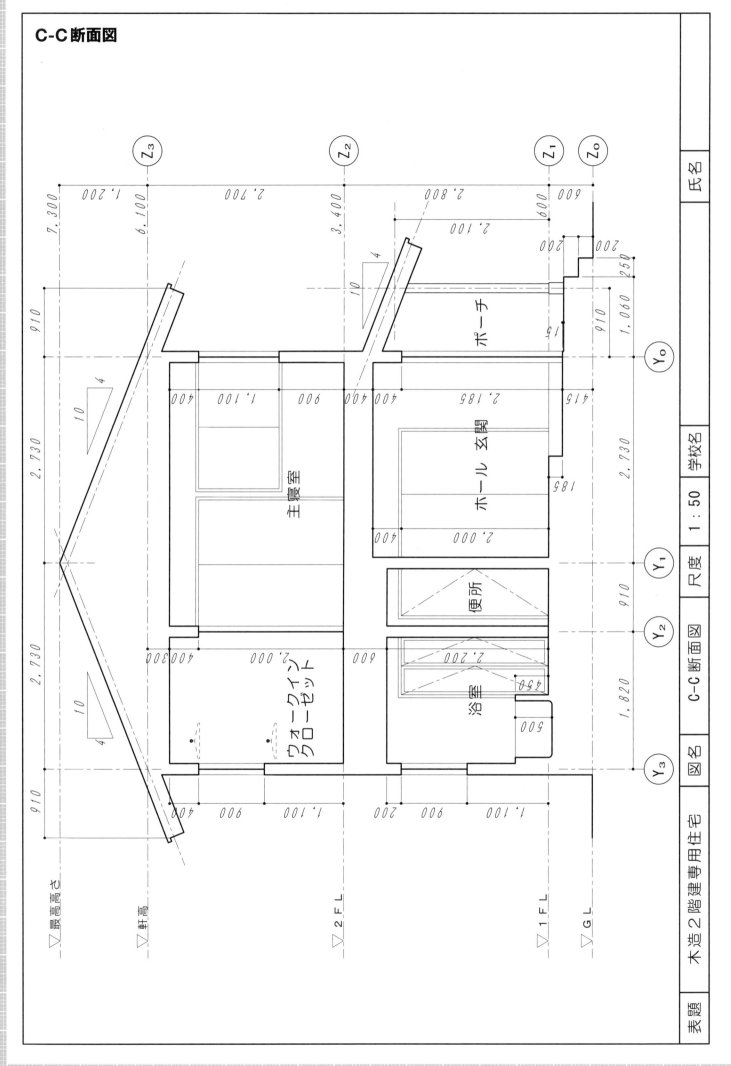

主寝室

ウォークイン
クローゼット

浴室

便所

ホール 玄関

ポーチ

▽最高高さ
▽軒高
▽2FL
▽1FL
▽GL

| 表題 | 木造2階建専用住宅 | 図名 | C-C断面図 | 尺度 | 1:50 | 学校名 | | 氏名 |

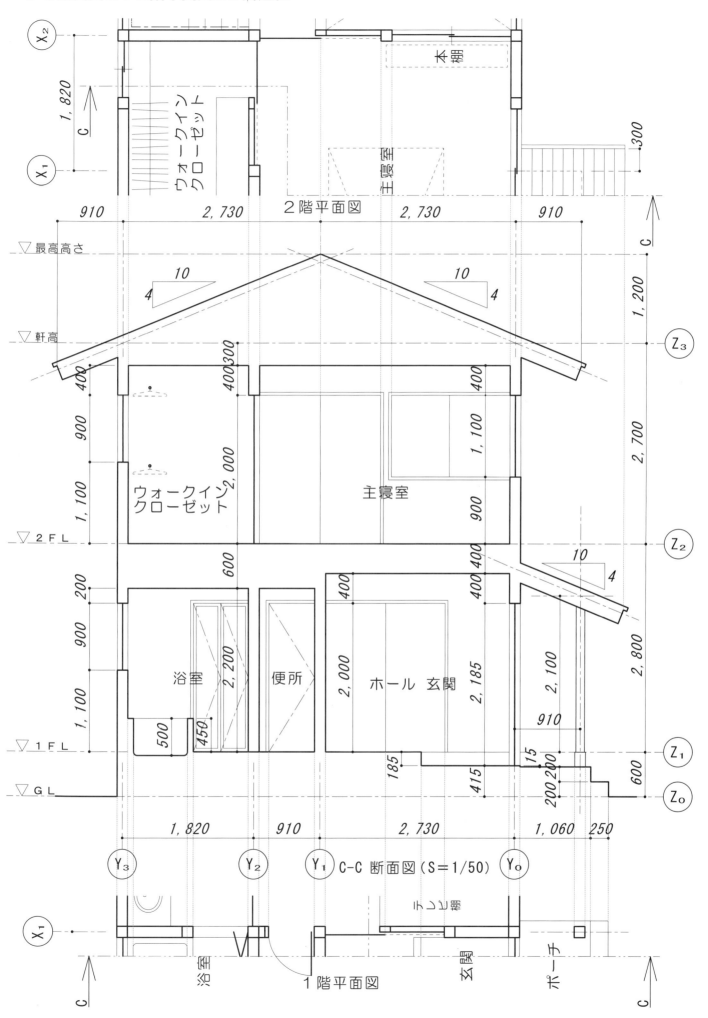

C-C断面図と1・2階平面図との関連性

D-D断面図

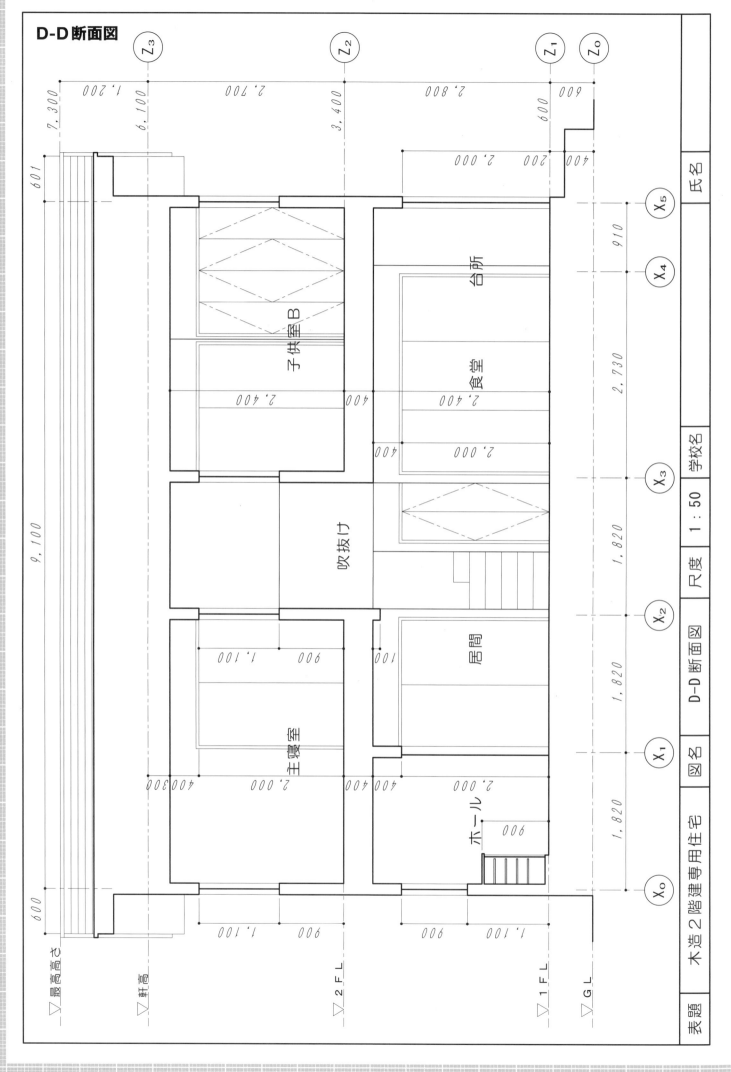

子供室B

吹抜け

台所

食堂

居間

主寝室

ホール

| 表題 | 木造2階建専用住宅 | 図名 | D-D 断面図 | 尺度 | 1：50 | 学校名 | | 氏名 |

D-D断面図と1階平面図との関連性

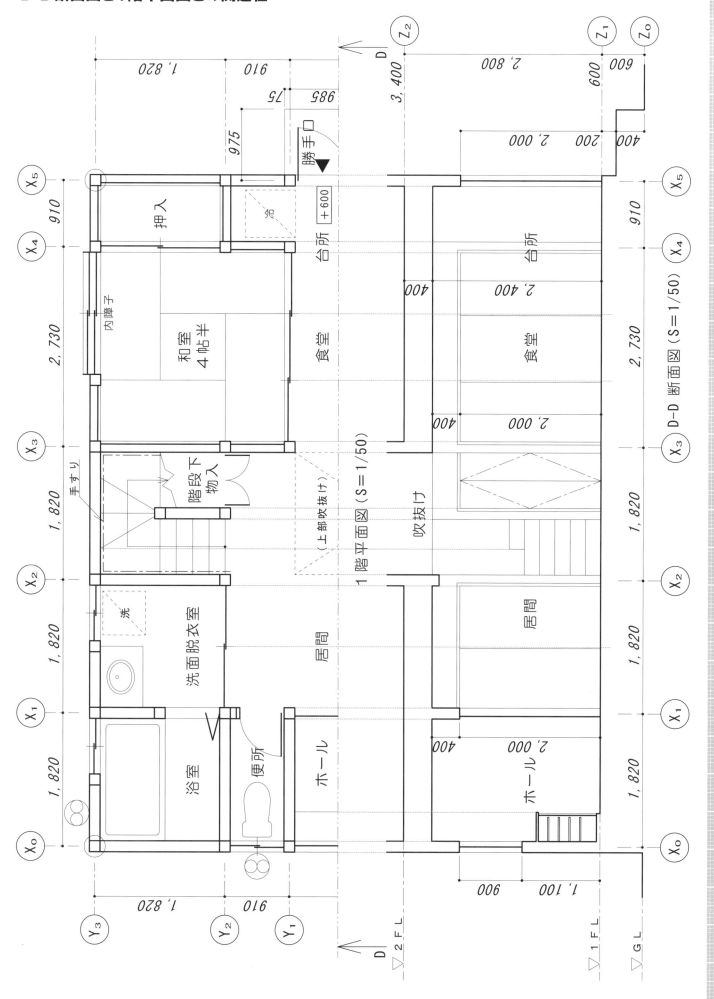

1階平面図（S＝1/50）

D-D 断面図（S＝1/50）

6 立面図の描き方

立面図とは、建築物の外面を指定した方向（東西南北など）から眺めた様子を表した図面です。アイソメ図と立面図の関係を理解した上で、1/100の作図表現で1/50に拡大した図面を作図練習します。ここではまず、西立面図の作図練習を行い、p.64に入っている折込みでは南立面図と東立面図作図練習を行います。

❶ 立面図は、ふつう東西南北4面を必要とし、呼び方はその方向によって区別します（例、南側から見たものを「南立面図」と呼びます）。

❷ 立面図は原則として、地盤線（グランドライン＜GL＞）を最下として描きます。

❸ 外観で見えるもの全てをそのまま表現するのが原則ですが、施工上重要でない雨樋や他の図面などで示されるものは省略することもあります。

❹ 外形線は遠近感を出すために「**極太線の実線**」で作図します。

❺ 開口部はメリハリを付けるため、p.46の図のように、「**極太線の実線**」と「**細線の実線**」を使いわけます。

❻ 屋根の仕上げ線は「**細線の実線**」で作図します。

❼ 地盤線＜GL＞は、建築物に安定感をもたせるため、「**超極太線の実線**」で作図します。

❽ 立面図を描く時は、平面図・屋根伏図と断面図を近くに置いて、必要に応じて、平面図・屋根伏図および断面図から線を延長させ、その関連性を確認しながら描きます。

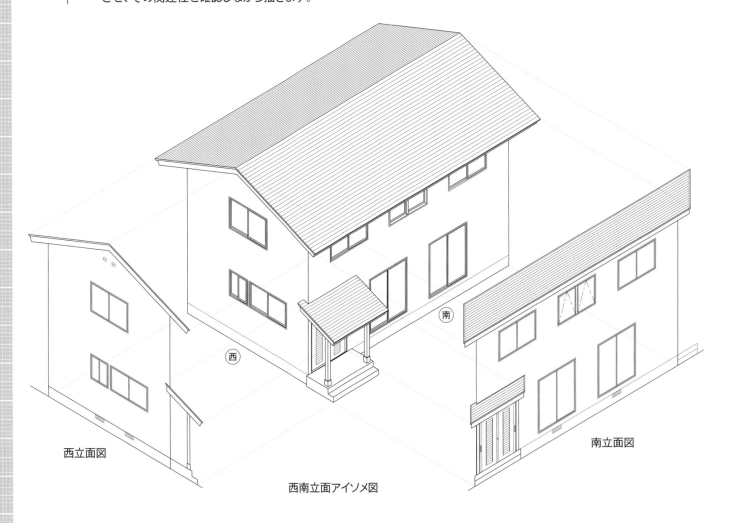

西立面図

西南立面アイソメ図

南立面図

※ 南立面図と東立面図の課題完成図は**折込図－3**、作図手順は**折込図－4**を参照してください。

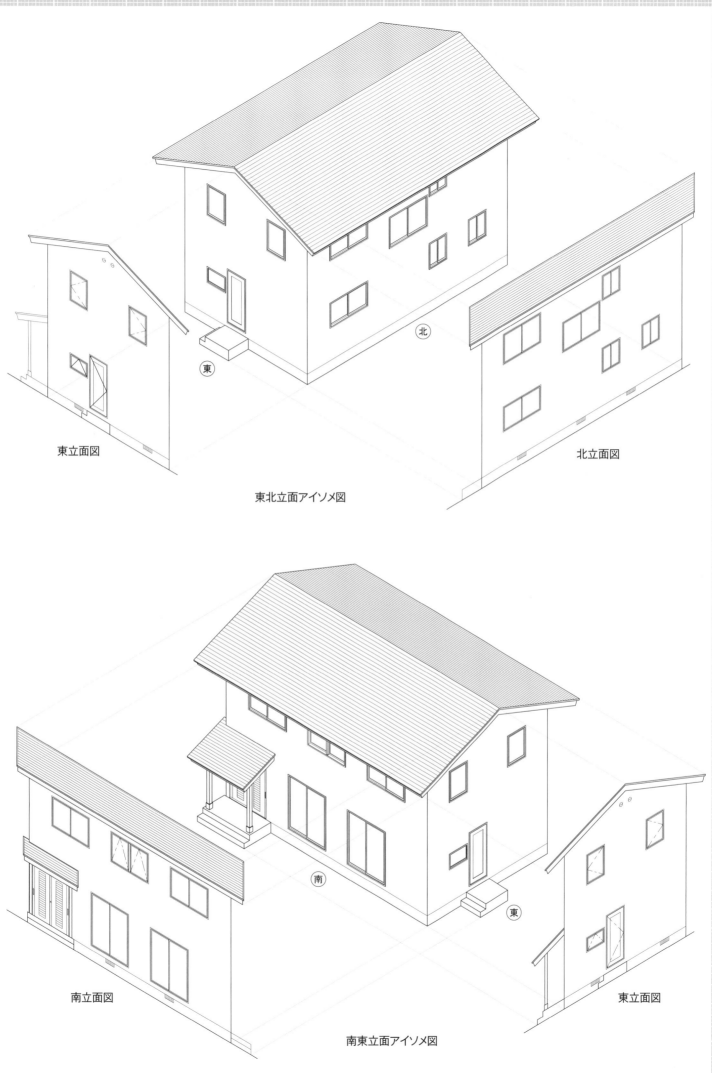

東立面図

北立面図

東北立面アイソメ図

南立面図

東立面図

南東立面アイソメ図

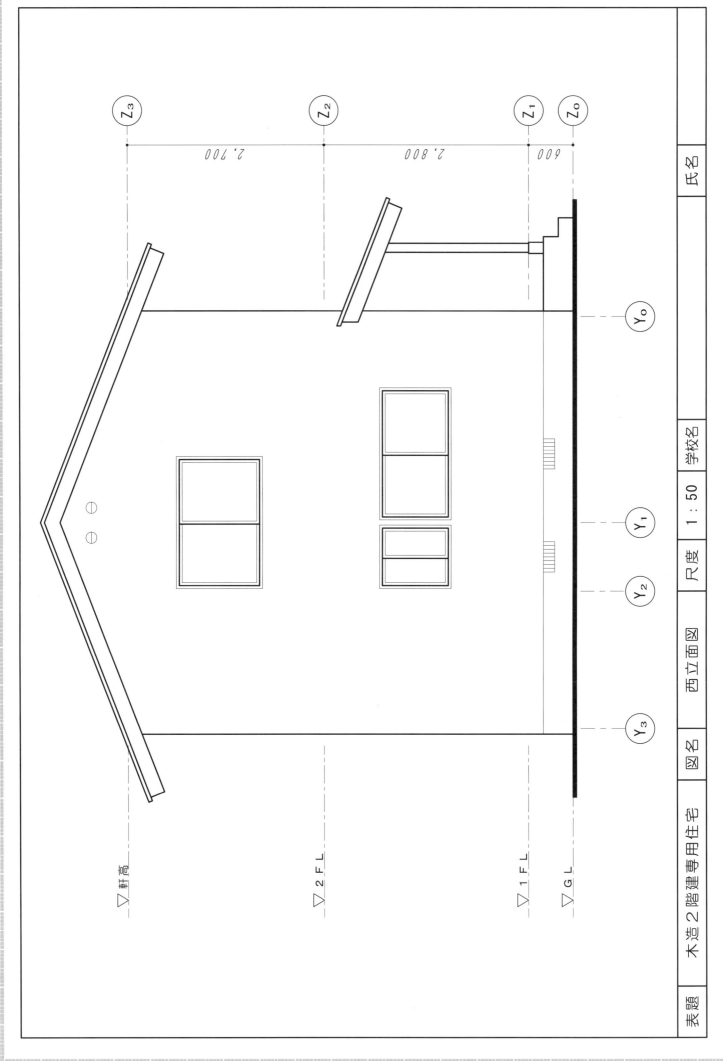

作図手順
①

① 2階平面図の切断線の位置で図のように切取り、組立基準線の下描き線を**極細線**で延長する。　② 高さの基準線の下描き線を**極細線**で描く（Z0：地盤線（GL）、Z1：1階床高（1FL）、Z2：2階床高（2FL）、Z3：軒高（軒桁上端））。　③ 玄関ポーチの独立柱の中心線を**極細線**で延長する。　④ 屋根勾配基準線（ここでは4/10勾配）の下描き線を**極細線**で描く（軒高と外周の組立基準線の交点を通るようにする）。　⑤ 2階平面図の屋根位置の下描き線を**極細線**で延長する。

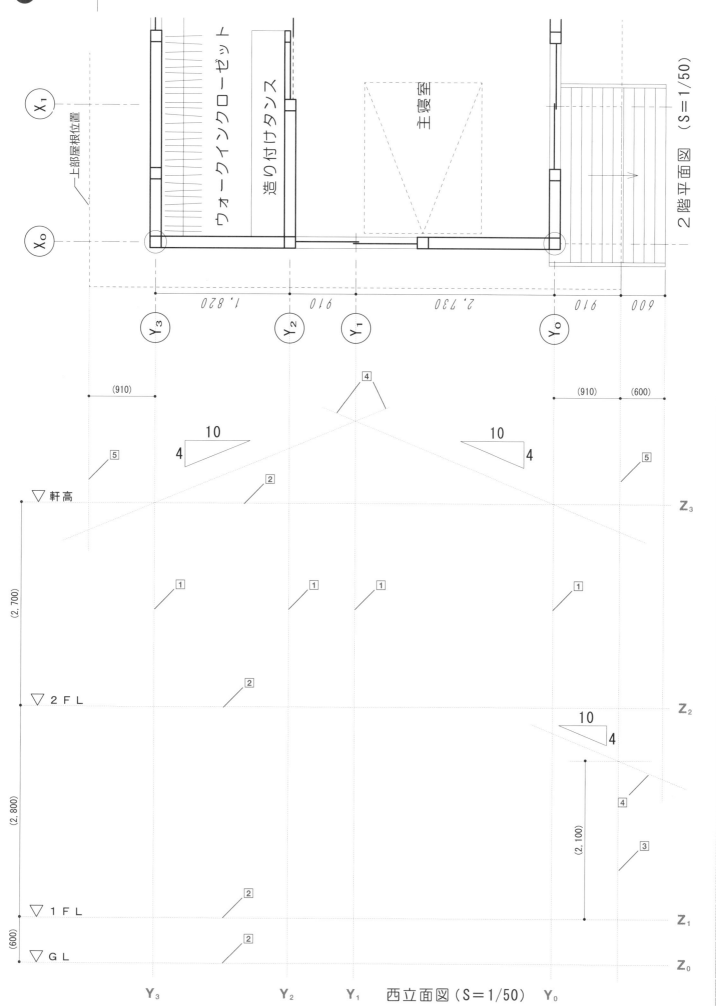

西立面図（S＝1/50）

作図手順 ❷

①2階平面図の壁厚の下描き線を**極細線**で延長する。　②2階平面図の開口部の下描き線を**極細線**で延長する。　③開口部高さの下描き線を**極細線**で描く。　④屋根勾配基準線に屋根形状の下描き線を**極細線**で描く。　⑤小屋裏換気口（ベントキャップ）の中心線を**極細線**で描く。

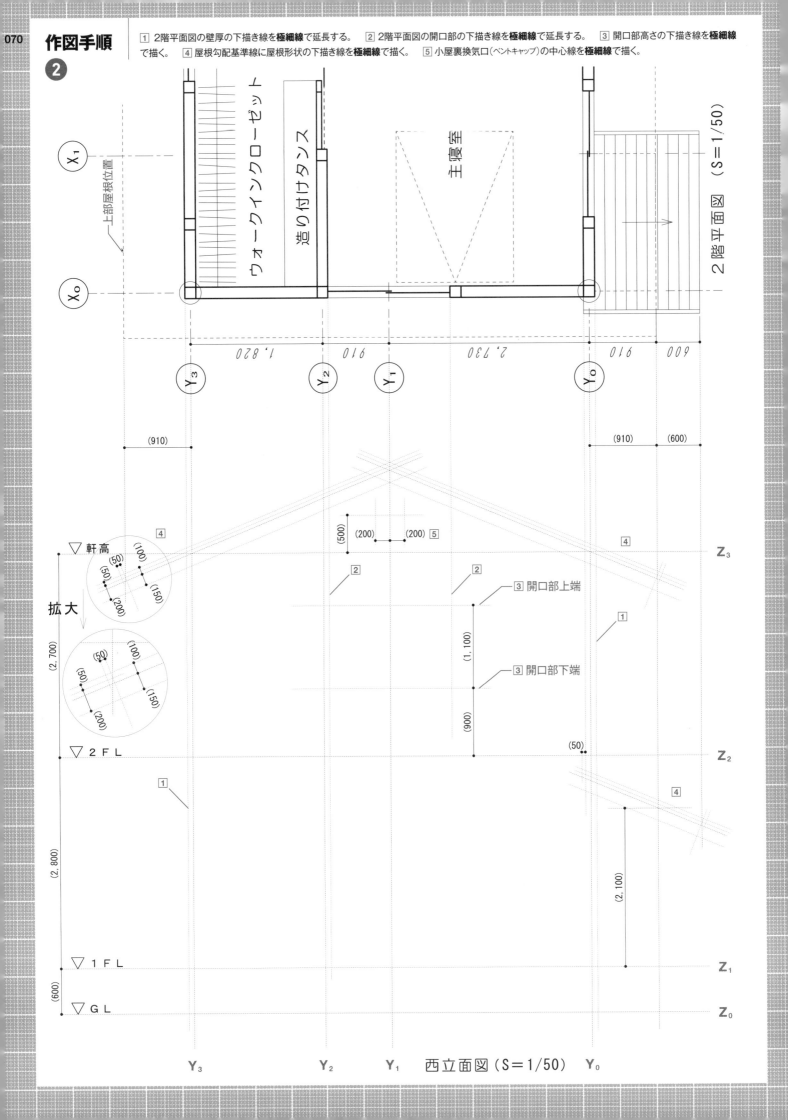

X₁　X₀

上部屋根位置

ウォークインクローゼット

造り付けタンス

主寝室

2階平面図（S＝1/50）

Y₃　Y₂　Y₁　Y₀

1,820　910　910　2,730　910　910　600

（910）　　　　（910）　（600）

④

▽軒高

拡大

（50）（100）（150）（200）

（2,700）

（500）（200）（200）⑤

②　②

③開口部上端

（1,100）

③開口部下端

（900）

②

①

▽2FL

（50）　Z₂

④

（2,800）

①

（2,100）

▽1FL　　Z₁

（600）

▽GL　　Z₀

Z₃

Y₃　　Y₂　　Y₁　西立面図（S＝1/50）　Y₀

作図手順

③

① 1階平面図の開口部の下描き線を**極細線**で延長する。　② 開口部高さの下描き線を**極細線**で描く。　③ 玄関ポーチおよび独立柱の下描き線を**極細線**で描く。　④ 床下換気口の下描き線を**極細線**で描く。

071

1階平面図（S＝1/50）

洗面脱衣室

浴室

便所

ホール　+600

玄関　+415

テレビ棚

下駄箱

ポーチ　+400

+200

X_1

X_0

Y_3　Y_2　Y_1　Y_0

1,820　910　910　2,730　910

(910)　(910)　(600)

▽軒高

▽2FL

▽1FL

▽GL

Z_3

Z_2

Z_1

Z_0

(2,700)

(2,800)

(600)

(500)　(200)　(200)

(100)

(50)

(50)　(150)

(200)

(1,100)

(900)

(900)

(1,100)

(2,100)

(150)

(200)　(200)

(200)　(200)

(200)　(200)

Y_3　Y_2　Y_1　西立面図（S＝1/50）　Y_0

作図手順
❹

① 屋根、壁の仕上げ線を**極太線の実線**で描く。　② GL線を**超極太線の実線**で描く。　③ ポーチおよび独立柱(中心線から60、60の振り分け)を**極太線の実線**で描く。　④ 開口部の姿線(見えがかかり線)を下描き線を利用して、**細線および極太線の実線**で描く。　⑤ 基礎と壁の境界線および床下換気口の姿線(見えがかかり線)を**細線の実線**で描く。また、小屋裏換気口(ベントキャップ)の姿線(見えがかかり線)を**細線の実線**で描く。　⑥ 組立基準線を下描き線の上から**細線の一点鎖線**で描き、基準記号(Y0〜Y3、Z0〜Z3)および「▽GL」などの高さ名称を描く。

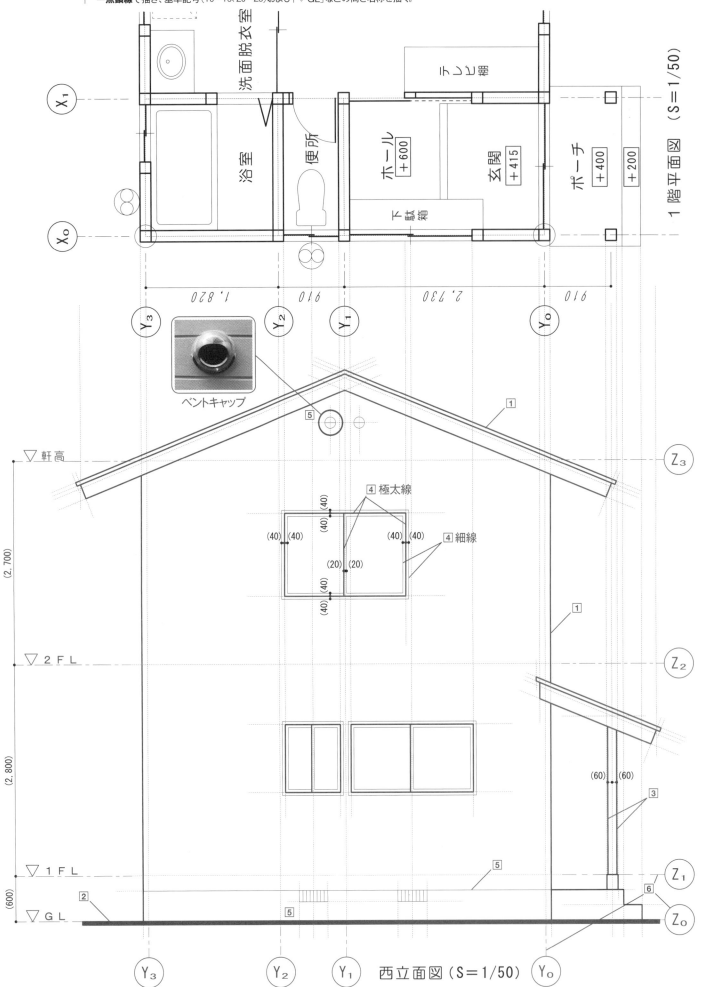

洗面脱衣室
浴室
便所
ホール +600
玄関 +415
下駄箱
ポーチ +400 +200

1階平面図 (S＝1/50)

X₁
X₀

Y₃ Y₂ Y₁ Y₀

1,820　910　910　2,730　910

ベントキャップ

④極太線
(40)(40)(40)　(40)(40)
(40)(40)
(20)(20)
④細線
(40)

▽軒高　Z₃
(2,700)
▽2FL　Z₂
(2,800)
▽1FL　Z₁
(600)
▽GL　Z₀

(60)(60)

西立面図 (S＝1/50)

Y₃ Y₂ Y₁ Y₀

7

配置図とは、建築物が建つ敷地の形状および道路や建築物の位置関係を作図したものです。なお、配置図、平面図、立面図をまとめた図面の完成図と作図手順は、**折込図—5、折込図—6**を参照してください。

❶ 配置図を作図する場合、原則として「北」を上に描きます。

❷ 縮尺は、一般的に、1/100 ～ 1/500（一般住宅は1/100 ～ 1/200）程度を用います。

❸ 配置図に記入する要素は、「敷地」「道路」「建築物の平面形状」「テラス」「ポーチ」「門扉」「塀」「樹木」「附属施設」などがあります。

配置図の描き方

作図手順 ❶

① 敷地の形状および建築物の外壁の中心線および外壁面などの下書き線を「**極細線**」で描く。　② 「**極細線**」の上から、道路境界線および隣地境界線は「**極太線の一点鎖線**」で、それ以外の道路境界線は「**太線の実線**」で描く。 また、道路中心線は「**細線の一点鎖線**」で描く。　③ 「**極細線**」の上から、建築物の外壁中心線を「**細線の一点鎖線**」で、外壁面を「**極太線の実線**」で描く。　④ 門扉、塀、駐車場（車本体1.7m × 4.5～4.7m）、樹木、附属施設などを描く。　⑤ 建築物を「**細線の実線**」でハッチングする。　⑥ 寸法、文字、出入口記号▲、方位などを記入する。

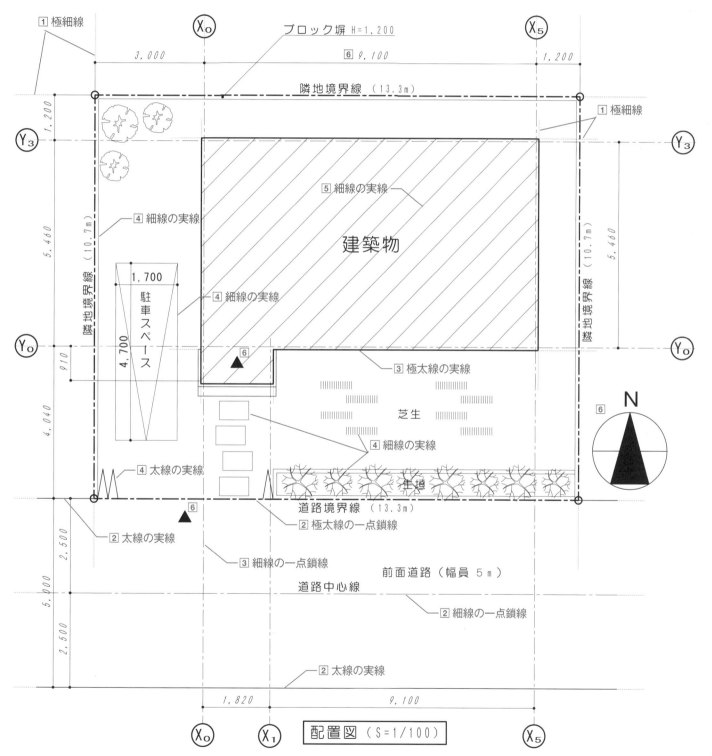

配置図（S=1/100）

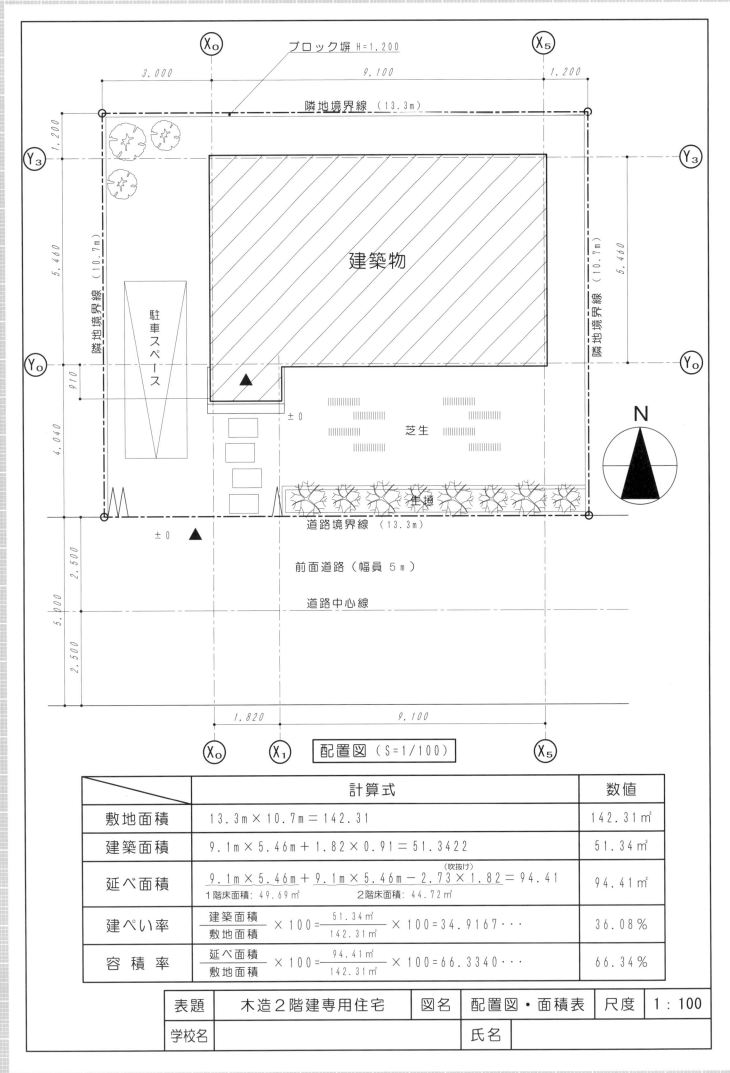

配置図（S=1/100）

	計算式	数値
敷地面積	$13.3m \times 10.7m = 142.31$	$142.31m^2$
建築面積	$9.1m \times 5.46m + 1.82 \times 0.91 = 51.3422$	$51.34m^2$
延べ面積	$\underline{9.1m \times 5.46m} + \overset{（吹抜け）}{\underline{9.1m \times 5.46m} - 2.73 \times 1.82} = 94.41$ 1階床面積: $49.69m^2$　　　　2階床面積: $44.72m^2$	$94.41m^2$
建ぺい率	$\dfrac{建築面積}{敷地面積} \times 100 = \dfrac{51.34m^2}{142.31m^2} \times 100 = 34.9167\cdots$	36.08%
容積率	$\dfrac{延べ面積}{敷地面積} \times 100 = \dfrac{94.41m^2}{142.31m^2} \times 100 = 66.3340\cdots$	66.34%

表題	木造2階建専用住宅	図名	配置図・面積表	尺度	1：100
学校名			氏名		

8

矩計図・平面詳細図・部分詳細図

「矩計図」は断面図を詳細に作図した図面、「平面詳細図」は平面図を詳細に作図した図面、「部分詳細図」は矩計図や平面詳細図の一部をさらに詳細に作図した図面です。

［1］矩計図

❶ 「矩計図」とは、「かなばかりず」と読み、断面図の縮尺を上げて詳細に描く図面のことです。言いかえれば、「断面詳細図」のことです。

❷ 縮尺は、一般的に、1/20〜1/30程度を用いますが、書き込む用紙のサイズや建築物の規模にもよりますが、できるだけ縮尺を上げて見やすいように表現します。本書では、1/20で作図します。

❸ 矩計図に記入する要素は、「各部の高さ」「屋根勾配」「軒の出」「室名」「基準記号」「基礎・床・天井・壁・屋根・軒の仕上材の名称と寸法」「図名」「縮尺」などがあります。

❹ 断面線となる地盤線（GL）、基礎、土台、根太（根太レスの場合はなし）、外壁の仕上線、床、壁、天井、軒桁、屋根、母屋などは「**極太線または太線の実線**」で描きます。ただし、線の間隔が狭く重なってしまう部分については、線の太さを調整します。

❺ 本書において姿線となる大引、束、野縁受、小屋梁、小屋束などは「**細線の実線**」で描きます。

❻ 中心線、基準線などは、「**細線の一点鎖線**」で描きます。

❼ 寸法線・寸法補助線・引出し線・ハッチングなどは、「**細線の実線**」で描きます。

図は、断面図と矩計図の作図表現の違いを表したものです。なお、断面図は1/100の作図表現の図面を1/200に縮小しています。矩計図は1/20の作図表現の図面を1/60に縮小したものです。

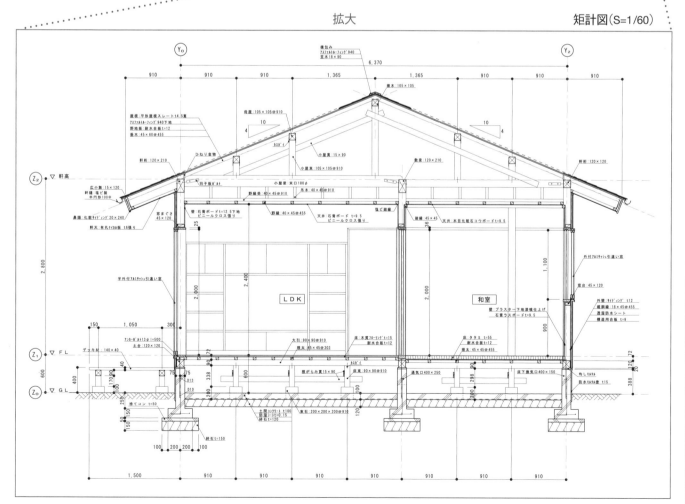

※ 矩計図の課題完成図は**折込図—5**、**折込図—6**を参照してください。

矩計図（根太アリ）の場合

作図手順

1 レイアウトを決めて、組立基準線の下描き線を**極細線**で描く（Y3、Y0、Z0〜Z3）。

2 屋根勾配基準線（ここでは4/10勾配）、軒の出線、母屋・床束の中心線の下描き線を**極細線**で描く。

Z0　　　Z1

6,100

600　　　　2,800（階高）

▽GL　　▽1FL

50　　250　　388　20　72

150 150　　　　　　120

100

3　　　　　3

45 12.5　　　12.5 45

200

60 60　　120　　　　　　60 25

75

200

75

36　　　　900　　36 90　400 455

45

1,100

100

12　　　455

45　　　　22.5　45

545　　55　22.5

910　　　22.5

4

100 298 90 112

22.5 22.5

100 100　45

22.5 45

45　22.5　　455　　　22.5 22.5

4　　455

910

455　22.5 22.5

455

90　22.5 45

22.5　455

4

100 100 45　22.5 45

45　22.5　60 60　　455 22.5 22.5

9.5

120　　100　　22.5 45

40

338 90 72　22.5

100　　22.5 45　303.3　4

12 15　22.5　303.3　4

100

75　45

200　　60 60

75

200

3

100

20 120 45 27

1　　1

600　　　　2,400（天井高）

矩計図（根太アリ）　S＝1：20

③ 開口部の高さの下描き線を**極細線**で描く。
④ 根太・野縁の中心間隔(303.3ピッチまたは455ピッチ)を**極細線**で描く。
⑤ 各細部の下描き線を**極細線**で描く。

主要な基準線の下描き線

細部の下描き線

Z₂

（軒高）

Z₃

2,700

▽2FL

▽軒高

910

Y₃

910

910

910

4

10

Y₀

400　　2,400（天井高）　　300

矩計図（根太レス）の場合

作図手順

Z₀ Z₁

6,100

600   2,800（階高）

▽GL   ▽1FL

150 50 250   387 20 120 43
30

3   3

45 12.5   12.5 45

60 60   120   60 25

36   36 90   400 455

1,100   900

200   75

200 150   75

910   545   55

150   90   83

50   28

22.5
22.5
455
22.5
22.5
455
22.5
22.5
455
22.5
22.5

矩計図（根太レス）　S=1：20

910

60 60

9.5

40

75

50   417   90   43

150   28 15

200   75

200   75

60 60

20 120 45 27

600   2,400（天井高）

③ 開口部の高さの下描き線を**極細線**で描く。
④ 野縁の中心間隔(455ピッチ)を**極細線**で描く。
⑤ 各細部の下描き線を**極細線**で描く。

主要な基準線の下描き線

細部の下描き線

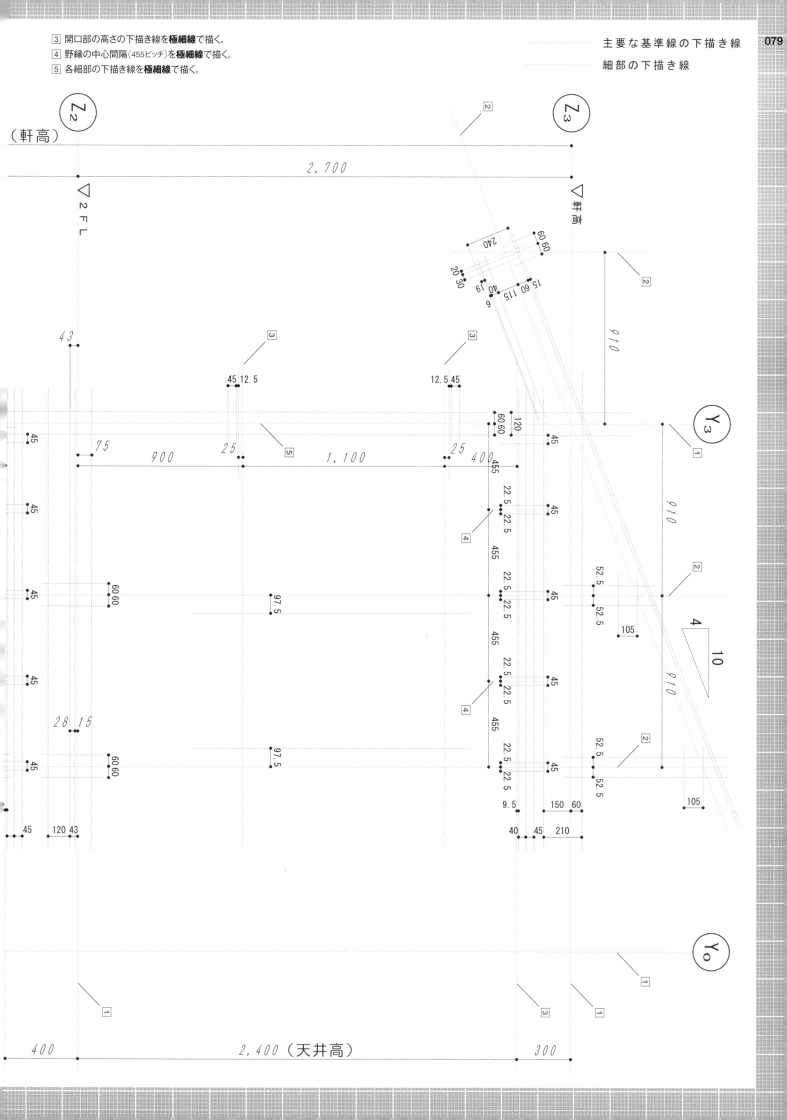

現場の事例写真で矩計図の理解を深めよう────① 軒先まわり

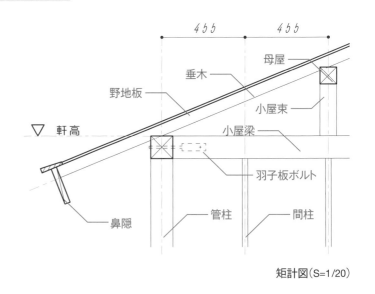

野地板　垂木　小屋束　軒桁　小屋梁　火打梁　間柱　管柱　鼻隠

矩計図（S=1/20）

455　455　母屋　垂木　野地板　小屋束　小屋梁　羽子板ボルト　軒高　鼻隠　管柱　間柱

上の写真は工事途中のため、仕上は不明。よって、右上の矩計図でも仕上は明記していない

切妻屋根 + 軒天が水平の例

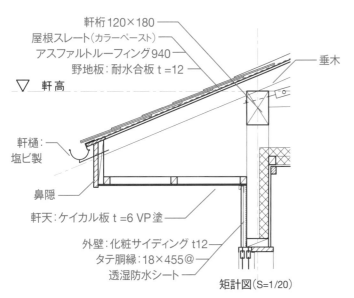

軒桁120×180
屋根スレート（カラーベスト）
アスファルトルーフィング940
野地板：耐水合板 t =12
垂木
軒高
軒樋：塩ビ製
鼻隠
軒天：ケイカル板 t =6 VP塗
外壁：化粧サイディング t12
タテ胴縁：18×455@
透湿防水シート
矩計図（S=1/20）

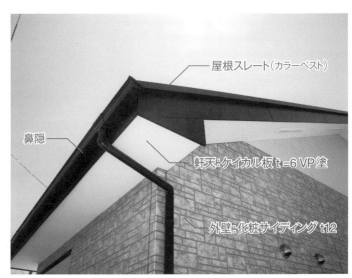

屋根スレート（カラーベスト）
鼻隠
軒天：ケイカル板 t =6 VP塗
外壁：化粧サイディング t12

切妻屋根 + 軒天が勾配の例

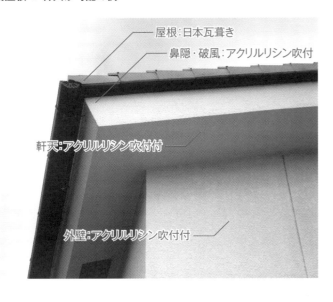

屋根：日本瓦葺き
鼻隠・破風：アクリルリシン吹付
軒天：アクリルリシン吹付付
外壁：アクリルリシン吹付付

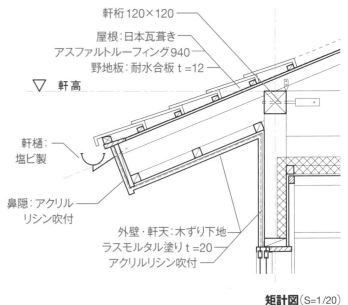

軒桁120×120
屋根：日本瓦葺き
アスファルトルーフィング940
野地板：耐水合板 t =12
軒高
軒樋：塩ビ製
鼻隠：アクリルリシン吹付
外壁・軒天：木ずり下地
ラスモルタル塗り t =20
アクリルリシン吹付
矩計図（S=1/20）

現場の事例写真で矩計図の理解を深めよう———②布基礎まわり

木造の場合は「布基礎」と「ベタ基礎」に大別されます。

布基礎（根太アリ）の例

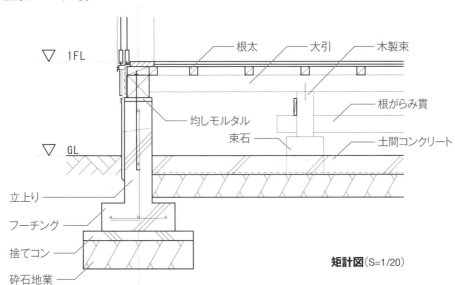

▽ 1FL

根太 — 大引 — 木製束

均しモルタル
束石
根がらみ貫
土間コンクリート

▽ GL

立上り
フーチング
捨てコン
砕石地業

矩計図（S=1/20）

砕石地業・捨てコンの例

捨てコン

砕石地業

布基礎の配筋の例

立上り配筋

フーチング配筋

床下地の例

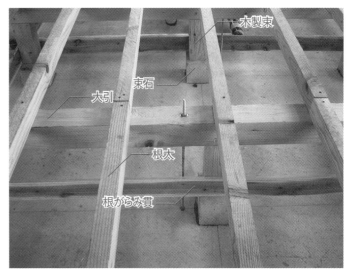

木製束

束石
大引

根太

根がらみ貫

床下換気口の施工例

土台

床下換気口

床下換気口の完成例

現場の事例写真で矩計図の理解を深めよう─────③ベタ基礎まわり

最近では、下図のように、地震により強い「ベタ基礎」を採用する機会が増えています。また、床束は、木製のものから、鋼製やプラスティック製のものに、床下換気口は、基礎パッキンに代わりつつあります。その場合、床下換気口は、外からは見えなくなり、立面図に描く必要がなくなります。床は「根太」を省略し、厚い床板を張る「根太レス工法」が多く採用されています。

ベタ基礎(根太レス)の例

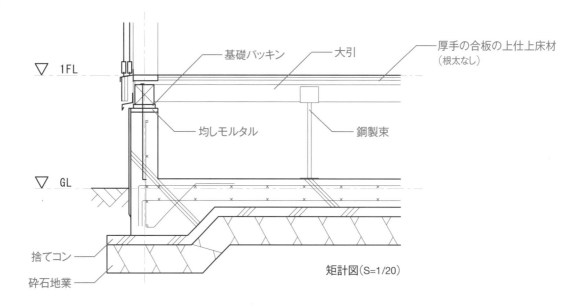

矩計図(S=1/20)

ベタ基礎の配筋の例

鋼製束の例

基礎パッキンによる床下換気の施工例

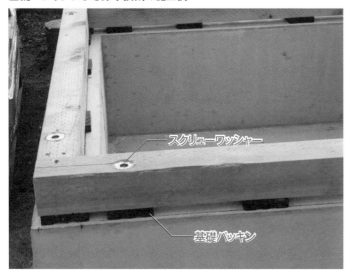

根太レス工法の例

※根太は省略され、直接厚い床板が張られる。

現場の事例写真で矩計図の理解を深めよう────④ その他

ひねり金物などの例

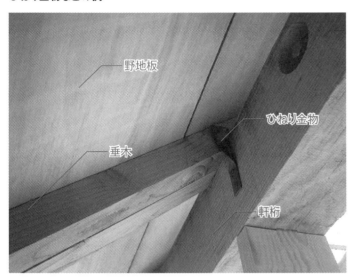

野地板
ひねり金物
垂木
軒桁

小屋まわりの例

母屋
垂木
小屋束
火打梁
羽子板ボルト

天井下地の例

吊木
野縁受
野縁

軒先まわりの例

垂木
鼻隠

筋かい金物などの例

筋かい
間柱
柱
筋かい金物
土台
基礎

基礎まわりなどの例

アンカーボルト
均しモルタル
基礎

[2] 平面詳細図

❶ 「平面詳細図」とは、平面図の縮尺を上げて詳細に描く図面をいいます。

❷ 縮尺は、一般的に、1/20〜1/50程度を用います。書き込む用紙のサイズや建築物の規模にもよりますが、できるだけ縮尺を上げて見やすいように表現します。本書では、1/30で作図します。

❸ 「柱」は、「構造材」と「化粧材」で区別し、「間柱」も明記します。

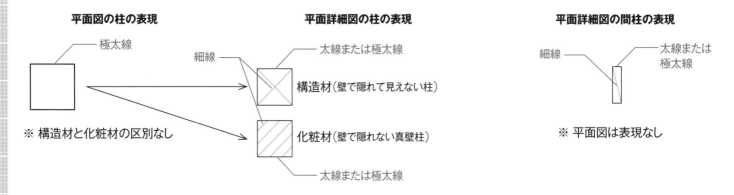

❹ 「壁」は、仕上材に厚みを持たせて表現します。

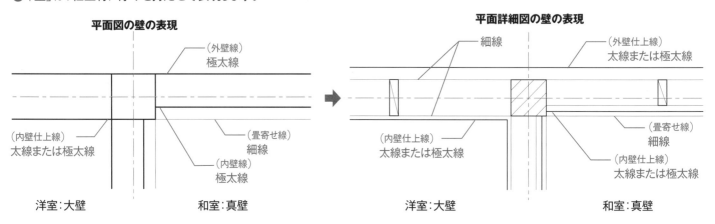

❺ 「外部建具」はサッシュや額縁の表現をします。また、和室で内障子が付く場合もその表現をします。

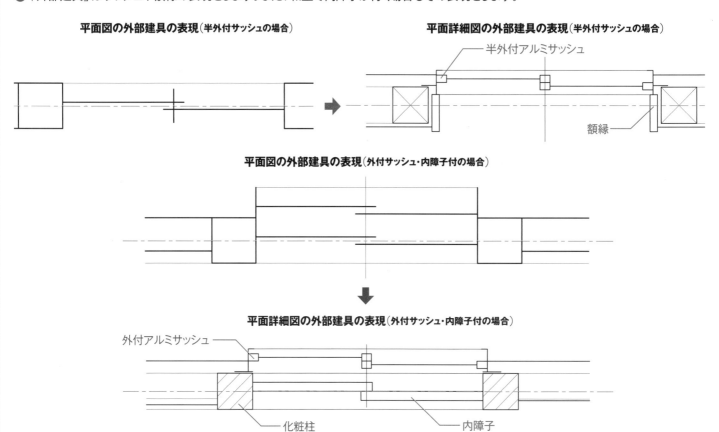

❻「内部建具」は建具に厚みを持たせ、建具枠も表現します。

平面図の内部建具表現

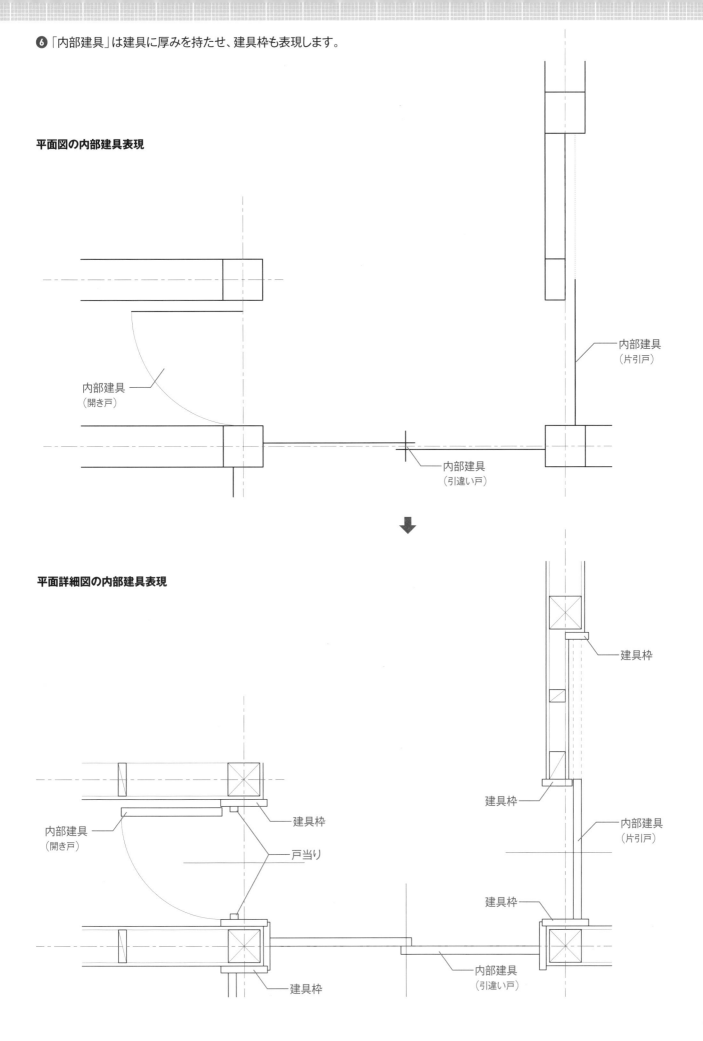

内部建具
（片引戸）

内部建具
（開き戸）

内部建具
（引違い戸）

平面詳細図の内部建具表現

建具枠

建具枠

内部建具
（片引戸）

内部建具
（開き戸）

建具枠

戸当り

建具枠

建具枠

内部建具
（引違い戸）

建具枠

※ 平面詳細図については、1階平面詳細図の課題完成図は**折込図ー7**を、その作業手順は**折込図ー8**〜**折込図ー12**を参照してください。
　　また2階平面詳細図の課題完成図は**折込図ー13**を参照してください。

平面図の片開き戸（壁：大壁）の表現 → 平面詳細図の片開き戸（壁：大壁）の表現

平面図の引違い戸（片側壁：大壁、片側壁：真壁）の表現 → 平面詳細図の引違い（片側壁：大壁、片側壁：真壁）の表現

真壁　和室　大壁　洋室

真壁　和室　大壁　洋室　見切り縁

[3] 部分詳細図

❶「部分詳細図」とは「ディテール」ともいい、「平面詳細図」や「矩計図（断面詳細図）」をさらに詳細に描いた図面のことで、表したい部分のみを作図します。

❷ 縮尺は、一般的に1/2〜1/10程度を用い、細かい寸法や使われている材料名称などもはっきり明記します。本書では、1/5で作図します。

❸ 木材の断面線は、「**極太線の実線**」で描きます。

❹ その他の断面線も「**極太線の実線**」で描きます。

❺ 中心線、基準線などは、「**細線の一点鎖線**」で描きます。

❻ 寸法線・寸法補助線・引出し線・ハッチングなどは、「**細線の実線**」で描きます。

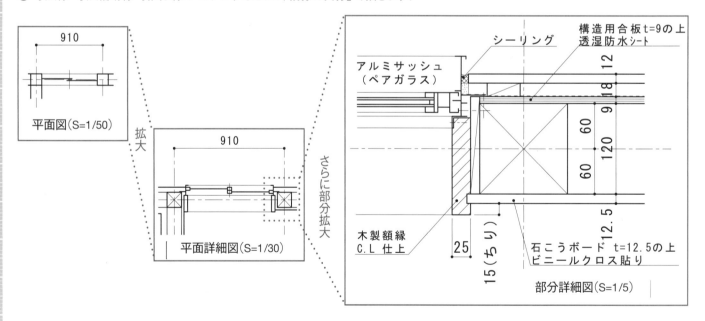

平面図（S=1/50）
拡大
平面詳細図（S=1/30）
さらに部分拡大

構造用合板 t=9の上
透湿防水シート
シーリング
アルミサッシ
（ペアガラス）
木製額縁
C.L 仕上
15（ちり）
25
石こうボード t=12.5の上
ビニールクロス貼り
部分詳細図（S=1/5）

以上のように、図面は縮尺が大きくなるほど詳細に示すことができます。

※ 部分詳細図の課題完成図は**折込図—14**を参照してください。

［4］階段の寸法と種類

❶ 2階建図面を描く上で、平家建と大きく違う点は「階段」が存在することです。「階段」は、高低差のある場所への移動を行うために設けられる構造物の1つです。

❷ 「階段」は、下図に示すように蹴上（けあげ）と、踏面（ふみづら）で表わされ、建築基準法施行令第23条で、その寸法が定められています。

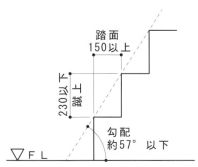

建築基準法による階段の規定（住宅の場合）

| 蹴上（けあげ）230mm以下 |
| 踏面（ふみづら）150mm以上 |

左図に示す階段の断面図は、法規制の限度寸法で描いたものなので、かなり急勾配になっていますが、実際はもう少し緩やかな勾配にします。

❸ 蹴上（けあげ）について

階高3000にした場合

13段なら蹴上　3000÷13≒231mm＞230mm　←NG

　※ 14段以上にするか、階高を低くする必要がある

階高2900とした場合

13段なら蹴上　2900÷13≒223mm＜230mm　←OK

　※ 右図は、階高2900、蹴上223にした場合の例

❹ 踏面（ふみづら）について

910mmを4等分すると踏面

910÷4≒228mm＞150mm　←OK

　※ 下図は、踏面228にした場合の例

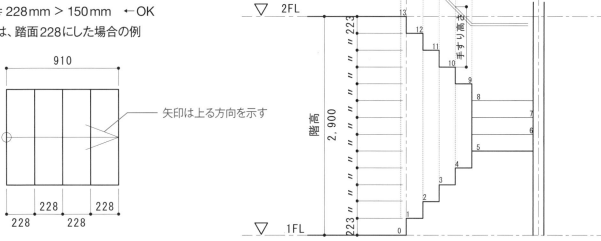

蹴上と踏面の計算例
（吹寄せ階段）

矢印は上る方向を示す

❺ 手すりについて

階段と踊り場には、必ず手すりを設けます。一般に高さ0.8～0.9mとします（高齢者向0.75m）。

❻ 階段の種類

階段は主に以下の5種類です。

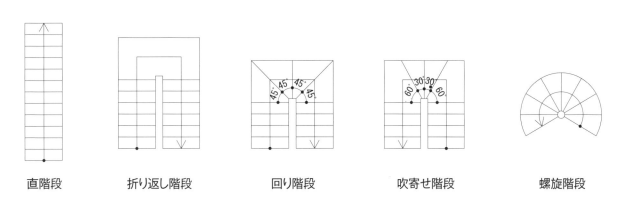

直階段　　　折り返し階段　　　回り階段　　　吹寄せ階段　　　螺旋階段

❼ 1階と2階の階段平面図の表現例

吹寄せ階段の場合

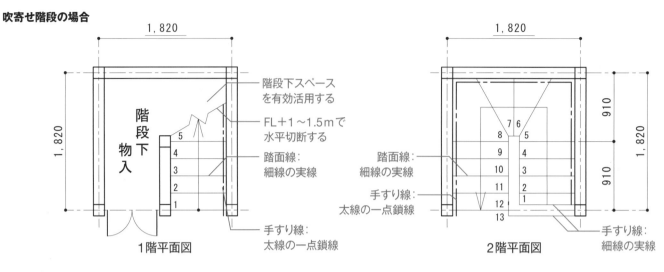

直階段の場合

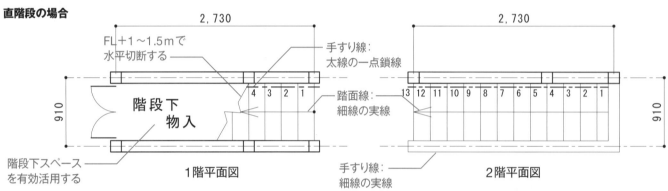

[5] 通し柱と管柱

❶ 柱は、2階建図面になると「管柱（くだばしら）」と「通し柱」に区別され、以下のように表します。

管柱（くだばしら）　□　　　通し柱　□　　　細線の実線

❷ 「管柱」とは、その階のみに建っている柱のことで、1階でいえば土台から2階の床を支える「胴差」まで、2階でいえば「胴差」から「軒桁」までの柱のことを指します。

❸ 「通し柱」とは、2階建て以上の建物の1階から2階を『一本の柱で通してある柱』のことです。通し柱はおもに外周に立てられ、通し柱どうしは「胴差」が柱の側面に突き刺さるような形で固定されます。通し柱は1階と2階を構造的に一体化し、建物の耐震性や耐久性を高める役割を果たすとても重要な柱です。

❹ 「通し柱」は、1階平面図および2階平面図の同じ位置に表す必要があります。

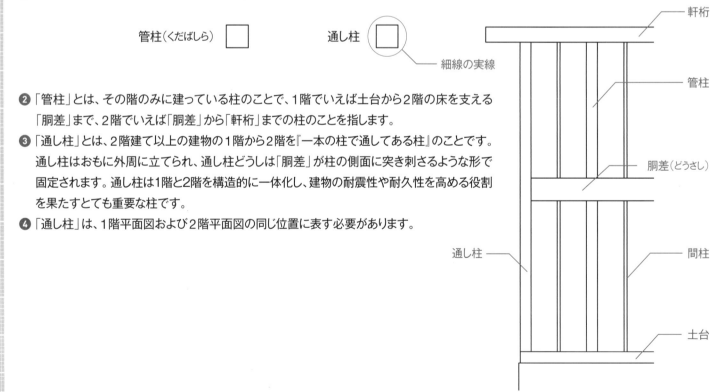

木造2階建構造図の
描き方を学ぶ

基礎伏図とは、建築物の基礎形状を平面的に表した図面です。木造の場合、通常、「布基礎」と「べた基礎」の2種類があります。基礎のアイソメ図を参照しながら、基礎伏図を描きます。基礎伏図は1/100の作図表現で、1/50に拡大した図面を作図練習します。

〈布基礎〉

❶ 基礎伏図に示すものには、ふつう基礎本体、独立基礎、束石、土間コンクリート、アンカーボルトの位置、ホールダウン金物の位置、床下換気口、通気口などがあります。

❷ 基礎の「立上り」は「**太線の実線**」、「フーチング」は「**細線の実線**」で描きます。

❸ 「束石」は「**細線の実線**」で「□」で描きます。

❹ 「土間コンクリート」は「**細線の実線**」で「斜め3本線」で描きます。

❺ 「アンカーボルト」の位置は「●」、「ホールダウン金物」は「◉」で描きます。

❻ 「柱」の位置は「×」で描きます。

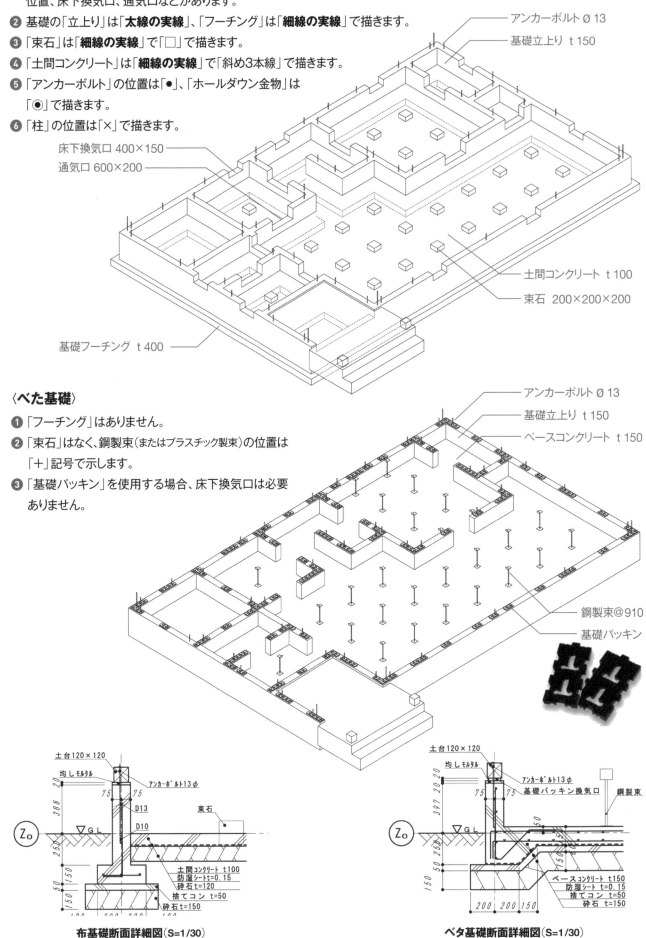

アンカーボルト Ø 13
基礎立上り t 150
土間コンクリート t 100
束石 200×200×200

床下換気口 400×150
通気口 600×200

基礎フーチング t 400

〈べた基礎〉

❶ 「フーチング」はありません。

❷ 「束石」はなく、鋼製束（またはプラスチック製束）の位置は「＋」記号で示します。

❸ 「基礎パッキン」を使用する場合、床下換気口は必要ありません。

アンカーボルト Ø 13
基礎立上り t 150
ベースコンクリート t 150

鋼製束@910
基礎パッキン

土台120×120
均しモルタル
アンカーボルト13φ
束石
D13
D10
土間コンクリート t100
防湿シート t=0.15
捨てコン t=50
砕石 t=150

布基礎断面詳細図（S=1/30）

土台120×120
均しモルタル
アンカーボルト13φ
基礎パッキン換気口
鋼製束
ベースコンクリート t150
防湿シート t=0.15
捨てコン t=50
砕石 t=150

ベタ基礎断面詳細図（S=1/30）

布基礎の場合

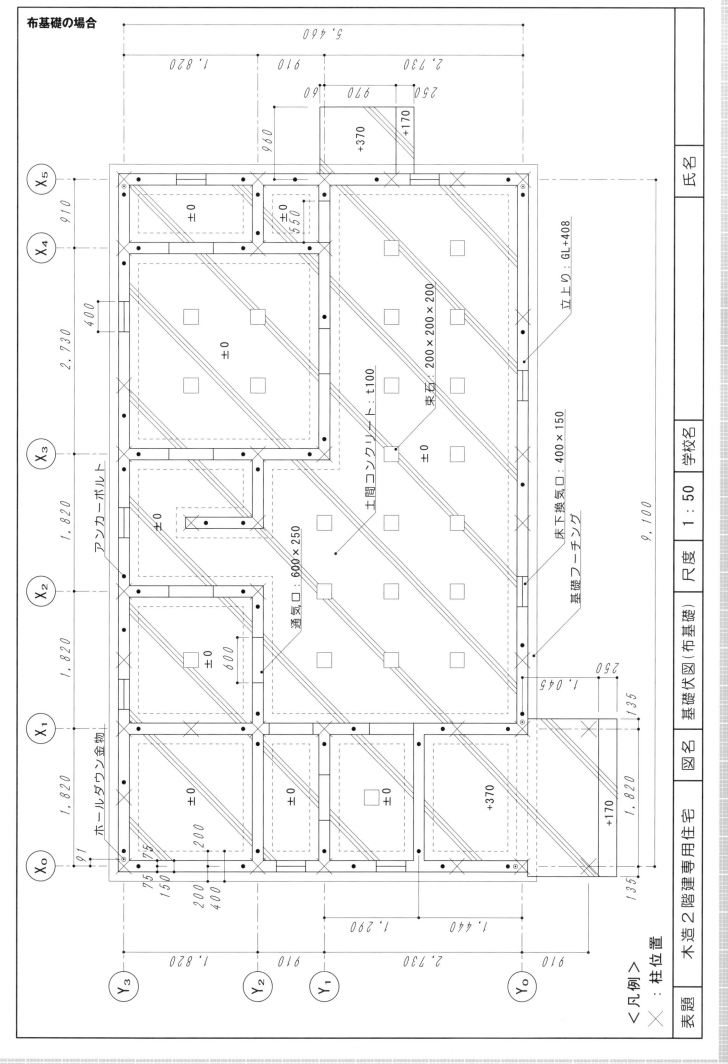

土間コンクリート：t100

束石：200×200×200

床下換気口：400×150

基礎フーチング

立上り：GL+408

通気口：600×250

アンカーボルト

ホールダウン金物

< 凡 例 >
✕ ： 柱位置

| 表題 | 木造2階建専用住宅 | 図名 | 基礎伏図（布基礎） | 尺度 | 1：50 | 学校名 | | 氏名 | |

作図手順 ❶

1. 外周部の下描き線を全体のレイアウト(配置)を考慮しながら、**極細線**で描く。
2. 内部の下描き線を**極細線**で910mm間隔に均等割りして描く(定規を傾け、等分に分割する)。
3. 玄関ポーチ柱の通り芯を**極細線**で描く。
4. 玄関内の基礎立上り芯を**極細線**で描く。

※ 作図手順では1/50の図面を2/3に縮小して掲載しています。

(910) ② ② ② ② ② ② ② ② ①

② ② ② ② ② (380) (530) ④ (910) ③ ① ① ①

(5,460)

(9,100)

作図手順 ❷

1. 布基礎の立上り(厚さは150(=75+75)とする)とフーチング部分(厚さは400(=200+200)とする)の下描き線を**極細線**で描く。
   ポイント 下描き線は縦と横の線が交差するように実際の長さより長めに描く。
2. 床下換気口(幅400とする)と通気口(幅600または550とする)の下描き線を**極細線**で描く。
3. 玄関ポーチおよび勝手口の下描き線を**極細線**で描く。

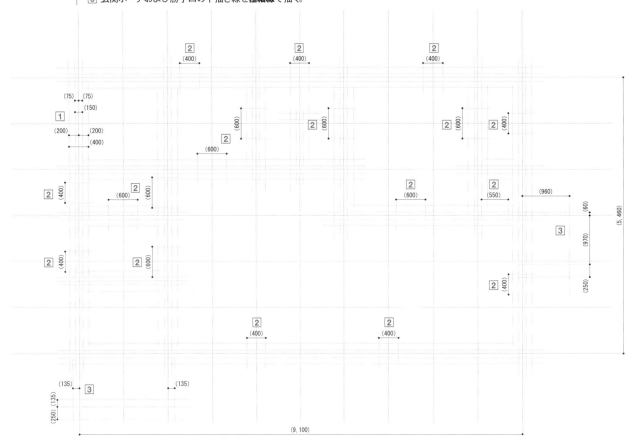

作図手順 ❸

1 布基礎の立上り部分を**太線の実線**で描く（交点部のはみ出しに注意）。
2 フーチング部分の外側を**細線の実線**で描き、内側を**細線の破線**で描く。
3 床下換気口と通気口を**太線の実線**で描く。
4 土間コンクリートとなる箇所は、3本**細線の実線**で描く。
5 束石（□）を**細線の実線**で描く。
6 柱位置（×）を**細線の実線**で描く。
7 **ホールダウン金物**（◉）（柱芯から91mm離れた位置）および**アンカーボルト**（●）（柱芯から200mm離れた位置が標準、その他は400mm離れた位置）を描く。

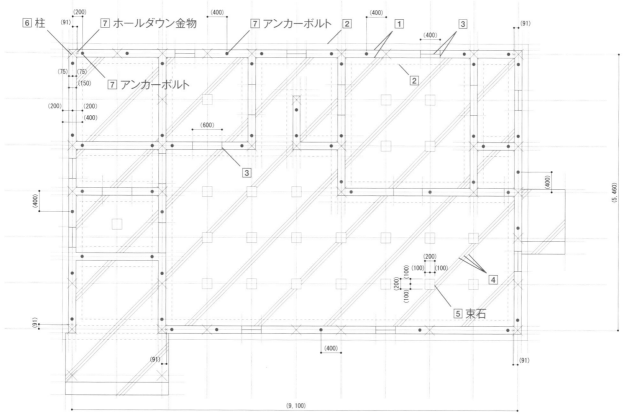

作図手順 ❹

1 通り芯を**細線の一点鎖線**で描く。
2 基準記号の「○」部分を**太線の実線**で描き、文字を記入する。
3 寸法線を**細線の実線**で描き、寸法値を書く。
4 各部材名称などの説明を引出線（**細線の実線**）と共に描く。

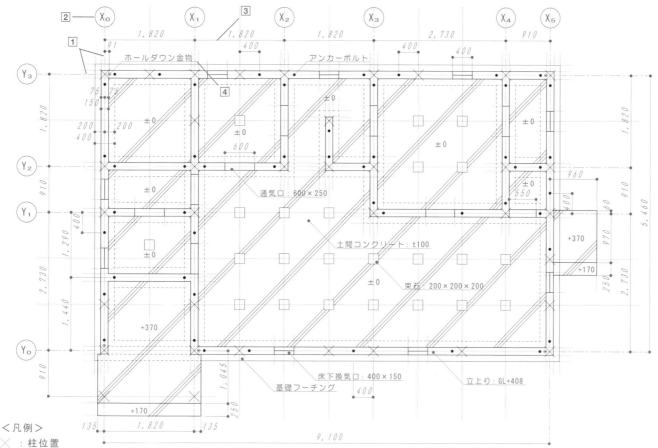

＜凡例＞
× ：柱位置

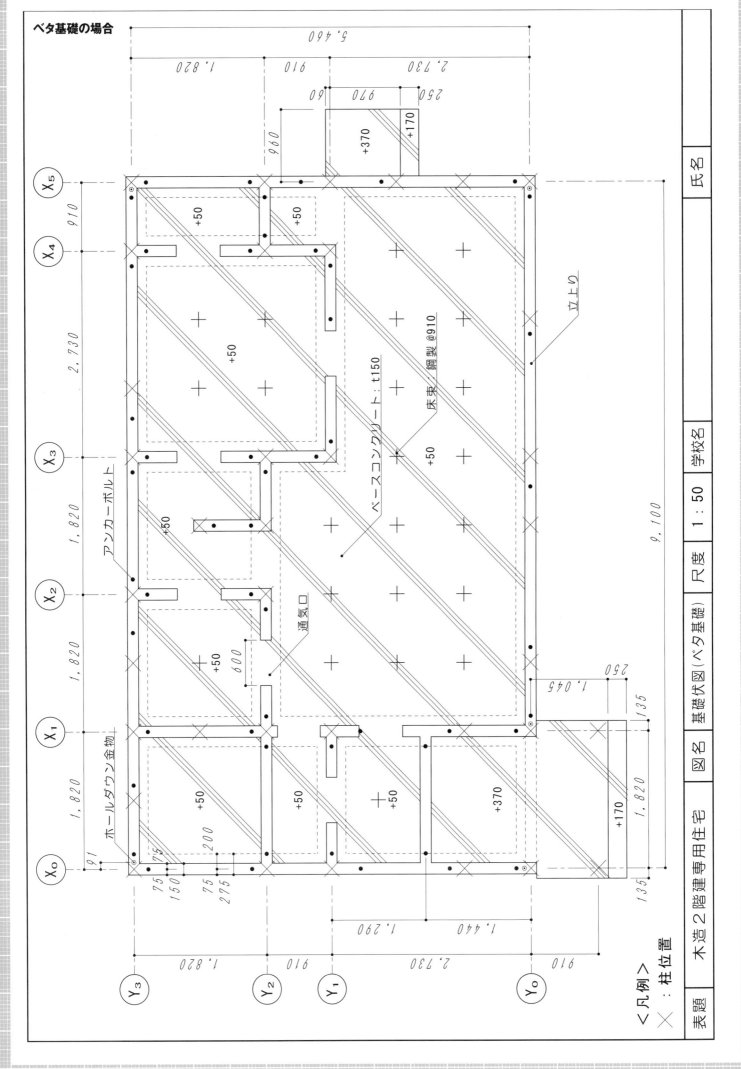

ベタ基礎の場合

5,460
1,820　910　910　2,730

250　970　60
250

+370
+170
960

X₅　910
X₄　2,730
X₃　1,820
X₂　1,820
X₁　1,820
X₀

+50　+50
+50
+50
+50

ベースコンクリート：t150

床束，鋼製 @910

立上り

+50
+50

アンカーボルト

通気口

600

+50
600

9,100

250
135

1,045

1,820
+170

ホールダウン金物

91
+50
75　200
75　75
150　275

+50
+50
+50
+370
+170

135

1,440　1,290
2,730　910
1,820　910　910
5,460

Y₃　Y₂　Y₁　Y₀

＜凡例＞
✕：柱位置

| 表題 | 木造2階建専用住宅 | 図名 | 基礎伏図（ベタ基礎） | 尺度 | 1：50 | 学校名 | | 氏名 | |

2

床伏図の描き方

床伏図とは、建築物の床に使われている構造部材の形状や配置を平面的に表した図面です。アイソメ図で、基礎や柱との関係を確認します。床伏図は1/100の作図表現で、1/50に拡大した図面を作図練習します。

［1］1階床伏図

❶ 1階床伏図に示すものには、土台、火打ち土台、大引、根太、根太掛、きわ根太などがあります（ただし、根太レス工法の場合、「根太」類は存在しません）。

❷ 柱の位置「×」やアンカーボルトの位置「●」や床束の位置「○」も示す必要があります。

❸ 筋かいの位置も記号「◁▷ ◿」で示します。

❹ 土台の継手記号「▭◀」は一般的に示しませんが、示すことで、より情報が充実します。

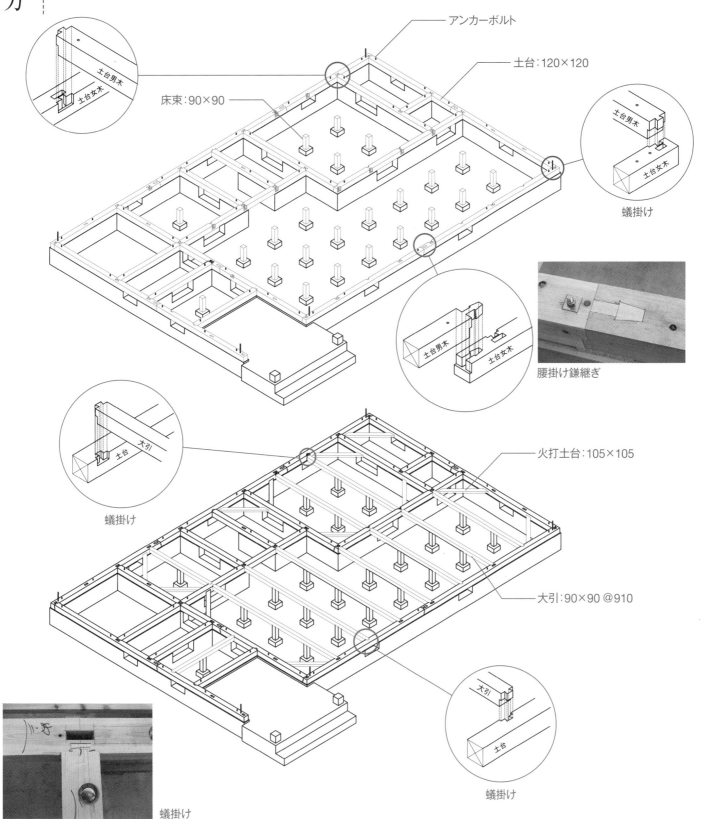

アンカーボルト

土台：120×120

床束：90×90

土台男木
土台女木

土台男木
土台女木

蟻掛け

土台男木
土台女木

腰掛け鎌継ぎ

土台 大引

蟻掛け

火打土台：105×105

大引：90×90 @910

大引
土台

蟻掛け

蟻掛け

〈**1階床伏図　根太アリ工法**〉

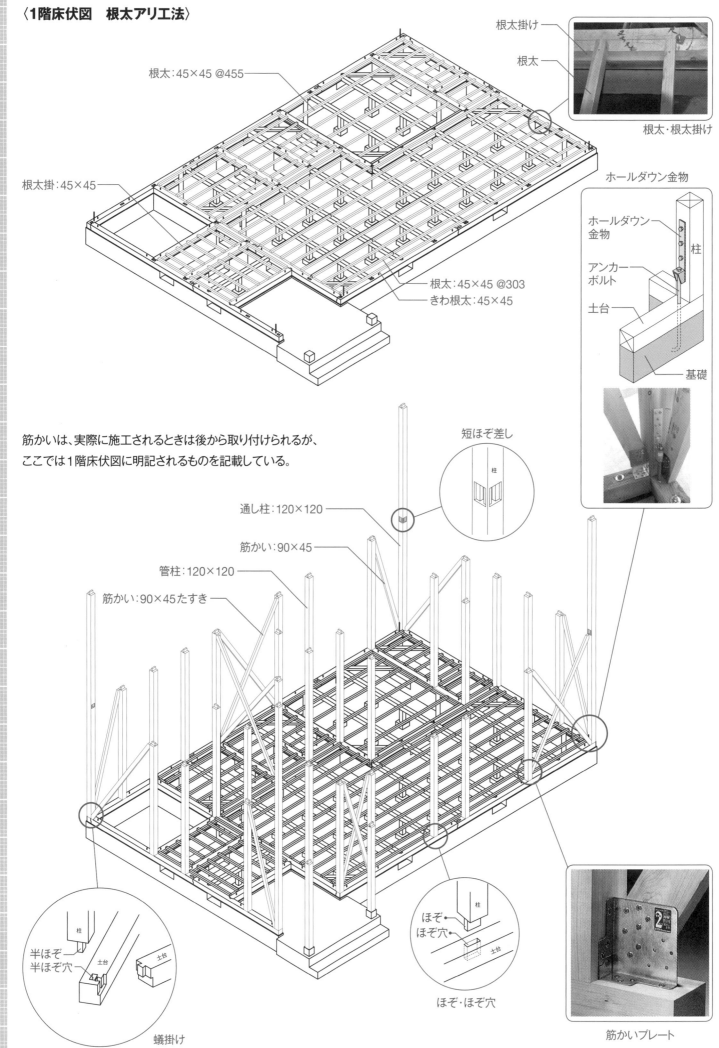

根太掛け

根太

根太：45×45 @455

根太・根太掛け

根太掛：45×45

根太：45×45 @303

きわ根太：45×45

ホールダウン金物

ホールダウン金物

柱

アンカーボルト

土台

基礎

筋かいは、実際に施工されるときは後から取り付けられるが、ここでは1階床伏図に明記されるものを記載している。

短ほぞ差し

柱

通し柱：120×120

筋かい：90×45

管柱：120×120

筋かい：90×45たすき

柱

半ほぞ
半ほぞ穴

土台

土台

蟻掛け

柱

ほぞ
ほぞ穴

土台

ほぞ・ほぞ穴

筋かいプレート

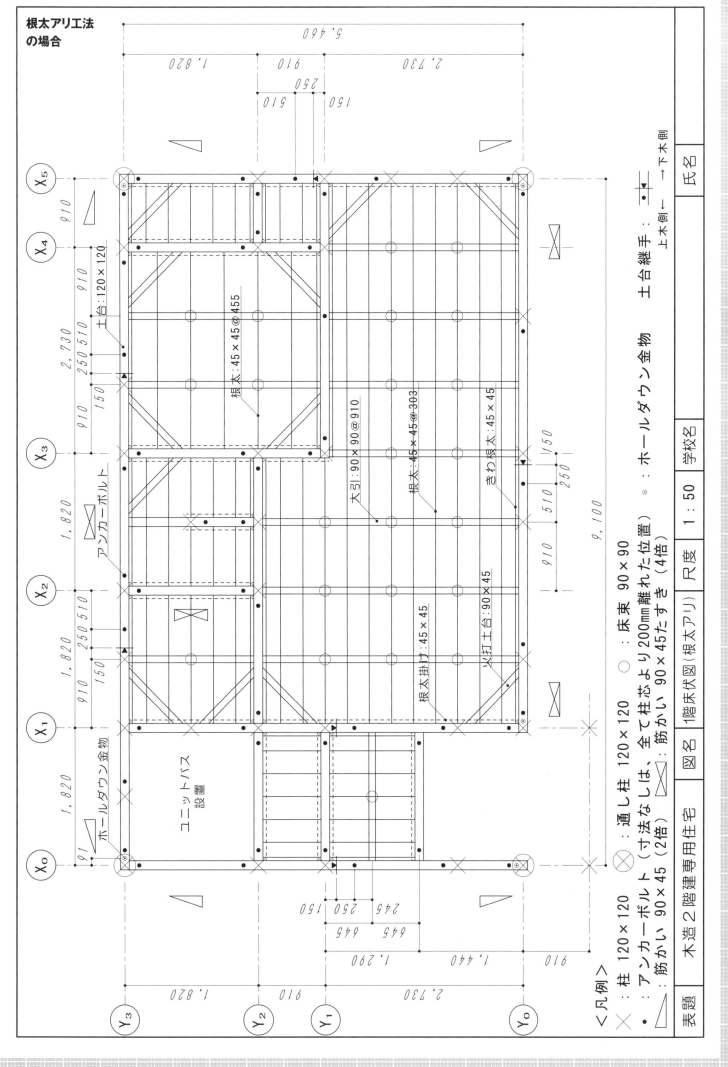

作図手順 ①

1 外周部の下描き線を全体のレイアウト（配置）を考慮しながら、**極細線**で描く。
2 内部の下描き線を**極細線**で910mm間隔に均等割りして描く（定規を傾け、等分に分割する）。
3 玄関ポーチ柱の通り芯を**極細線**で描く。
4 玄関内の基礎立上り芯を**極細線**で描く。
5 玄関ホール床の大引取り付け中心線を**極細線**で描く。

※ 作図手順では1/50の図面を2/3に縮小して掲載しています。

(910)

(645)
(265)
(380)
(530)

(910)

(910)

(5,460)

(9,100)

作図手順 ②

1 土台部分（厚さは120（＝60＋60）とする）の下描き線を**極細線**で描く。

ポイント 下描き線は縦と横の線が交差するように実際の長さより長めに引く。

(60) (60)
(120)

(5,460)

(9,100)

作図手順

❸

1 土台部分を**太線の実線**で描く(交点部のはみ出しに注意)。

2 柱記号(×)および通し柱記号(⊗)位置を**細線の実線**で描く。

3 ホールダウン金物(◉)(柱芯から91mm離れた位置)およびアンカーボルト(•)(柱芯から200mm離れた位置が標準、その他は400mm離れた位置)を描く。

4 継ぎ手記号(☐)を柱(×)から150mm離れた位置に描く。

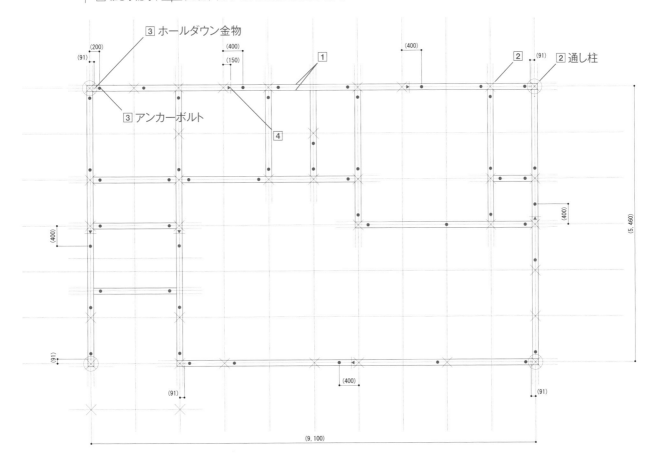

作図手順

❹

1 大引(厚さは90(=45+45)とする)を**太線の実線**で描く(交点部のはみ出しに注意)。

2 火打土台(厚さは90とする)を**太線の実線**で描く。

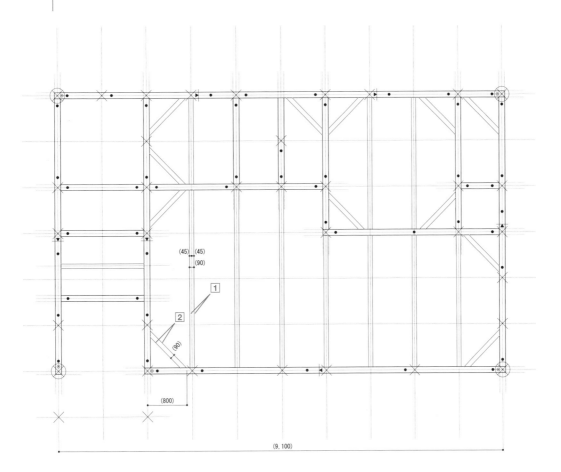

作図手順 ❺

1 床張り仕上げとなる部屋の根太を通り芯より303mm間隔で割り付けて**太線の実線**で描く。 2 和室の根太を通り芯より455mm間隔で割り付けて**太線の実線**で描く。 3 きわ根太を根太と平行に土台横に**太線の実線**で描く。 4 根太掛を根太と直角に土台横に**太線の破線**で描く。 5 床束記号（○）を**細線の実線**で描く。 6 筋かい記号を**太線の実線**で描く。

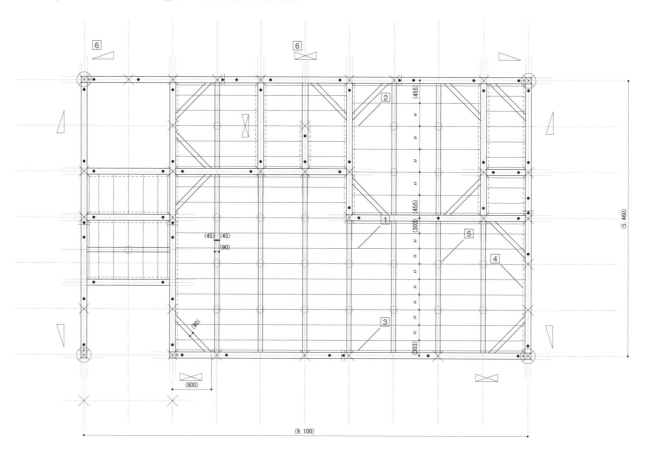

作図手順 ❻

1 通り芯を**細線の一点鎖線**で描く。 2 基準記号の「○」部分を**太線の実線**で描き、文字を記入する。 3 寸法線を**細線の実線**で描き、寸法値を書く。 4 各部材名称などの説明を引出線（**細線の実線**）と共に描く。

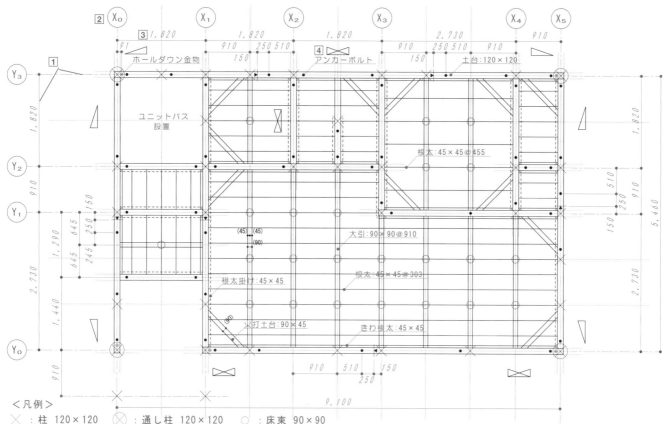

<凡例>

✕ : 柱 120×120　　⊗ : 通し柱 120×120　　○ : 床束 90×90

• : アンカーボルト（寸法なしは、全て柱芯より200mm離れた位置）　◎ : ホールダウン金物　　土台継手 : ◄─•─►

◁─ : 筋かい 90×45（2倍）　　◁►◄ : 筋かい 90×45たすき（4倍）

上木側 ←─　→ 下木側

〈1階床伏図　根太レス工法〉

❶ 1階床伏図に示すものには、土台、大引で、根太、根太掛、きわ根太などは存在しないので、示しません（ただし、火打土台は場合によって記すこともあります）。

❷ 柱の位置「×」やアンカーボルトの位置「●」は示す必要があります。通し柱位置「⊗」も示します。

❸ 筋かいの位置も記号「⊠ ◿」で示します。

❹ 土台の継手記号「⎯⎯◀」は一般的に示しませんが、示すことで、より情報が充実します。

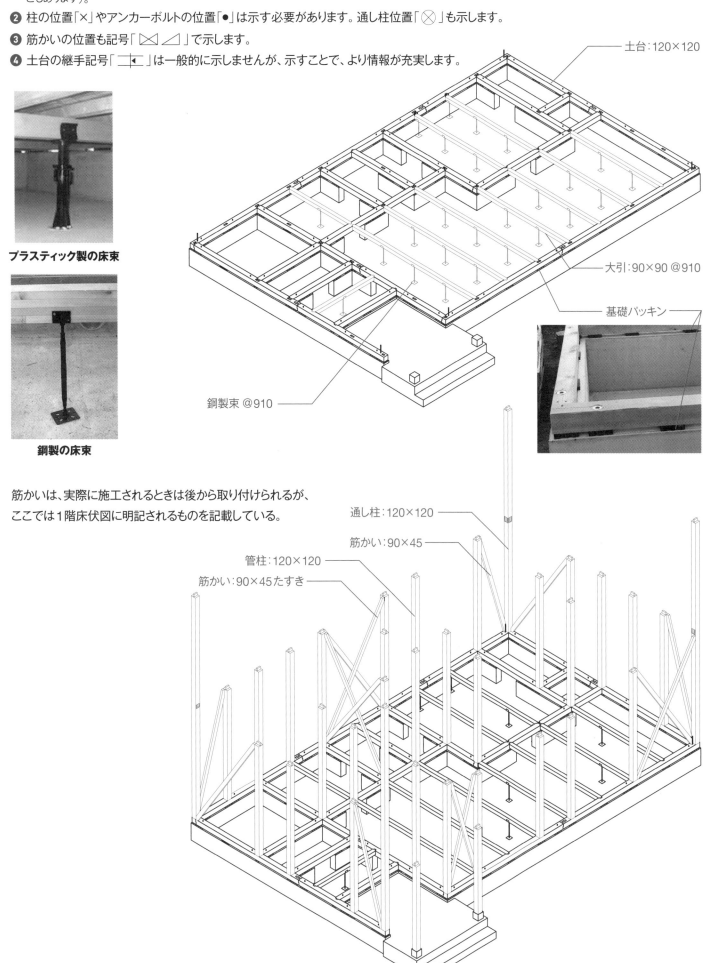

プラスティック製の床束

鋼製の床束

土台：120×120

大引：90×90 @910

基礎パッキン

鋼製束 @910

筋かいは、実際に施工されるときは後から取り付けられるが、
ここでは1階床伏図に明記されるものを記載している。

通し柱：120×120

筋かい：90×45

管柱：120×120

筋かい：90×45たすき

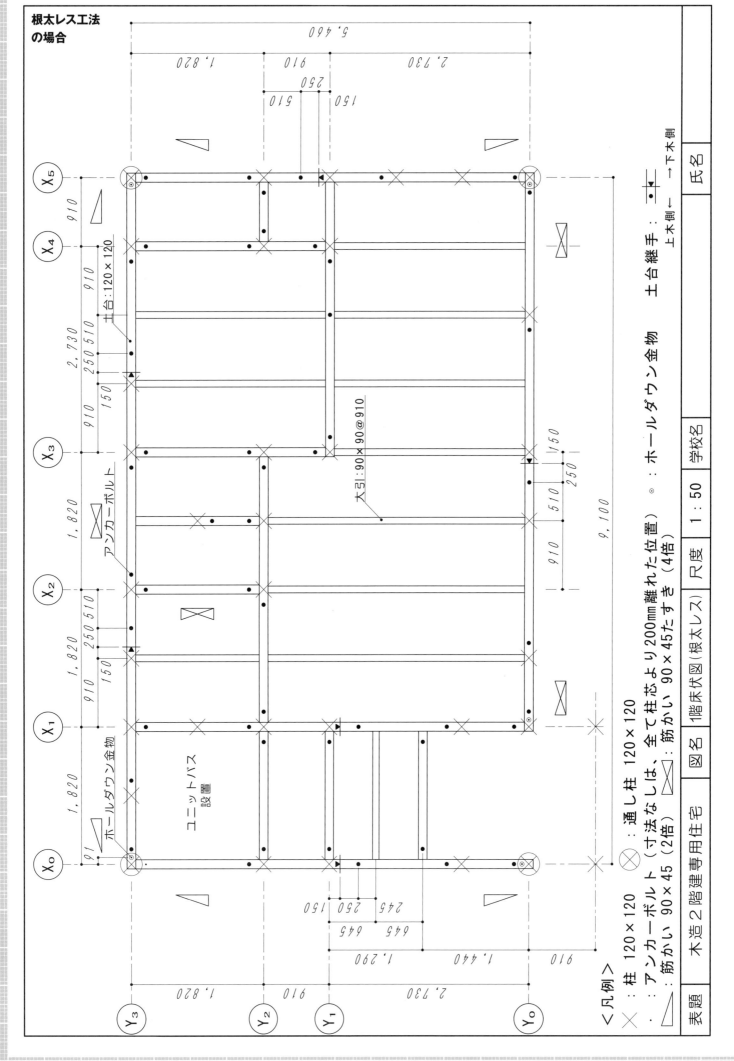

根太レス工法
の場合

＜凡例＞

× ：柱 120×120　⊗ ：通し柱 120×120

：アンカーボルト（寸法なしは、全て柱芯より200mm離れた位置）　◎ ：ホールダウン金物　土台継手：

：筋かい 90×45（2倍）　⊠ ：筋かい 90×45たすき（4倍）

上木側←　→下木側

土台：120×120

大引：90×90@910

アンカーボルト

ホールダウン金物

ユニットバス
設置

| 表題 | 木造 2 階建専用住宅 | 図名 | 1階床伏図（根太レス） | 尺度 | 1：50 | 学校名 | | 氏名 | |

［2］2階床伏図

❶ 2階床伏図に示すものには、胴差、火打ち梁、梁、根太、根太掛、きわ根太などがあります（ただし、根太レス工法の場合、「根太」類は存在しません）。

❷ 1階管柱の位置を「×」、2階管柱位置を「□」、1階と2階が重なる管柱位置を「⊠」、通し柱位置を「⊠」で示します。

❸ 筋かいの位置も記号「⋈ ◿」で示します。

❹ 胴差などの継手記号「◻◀」は一般的に示しませんが、示すことで、より情報が充実します。

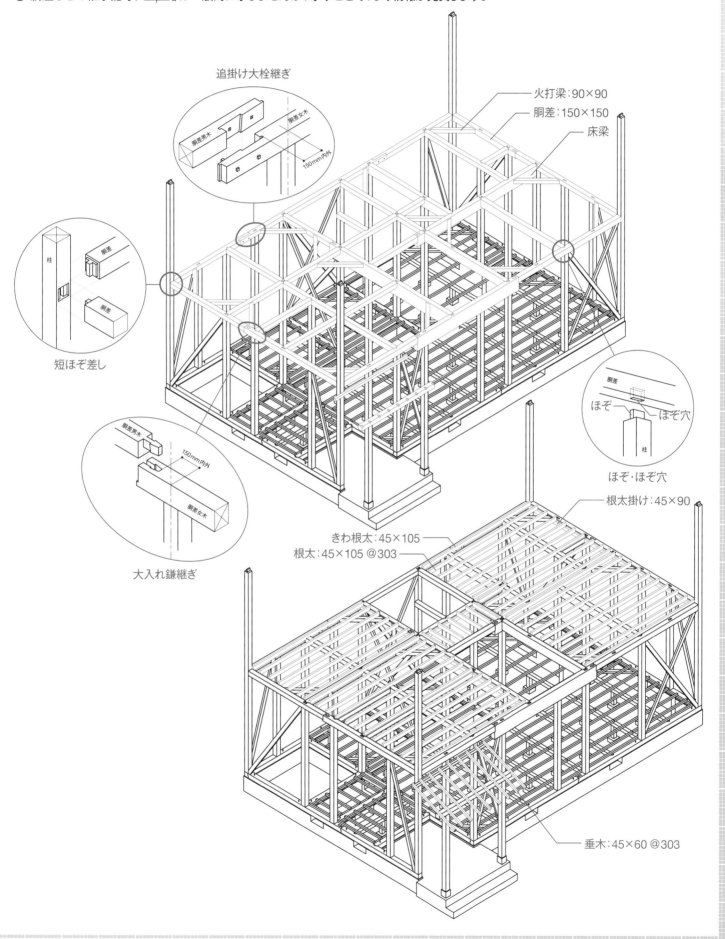

追掛け大栓継ぎ

胴差男木　胴差女木

150mm内外

柱　胴差　胴差

短ほぞ差し

火打梁：90×90

胴差：150×150

床梁

胴差男木

150mm内外

胴差女木

大入れ鎌継ぎ

胴差

ほぞ　ほぞ穴

柱

ほぞ・ほぞ穴

根太掛け：45×90

きわ根太：45×105

根太：45×105 @303

垂木：45×60 @303

〈2階床伏図　根太アリ工法〉

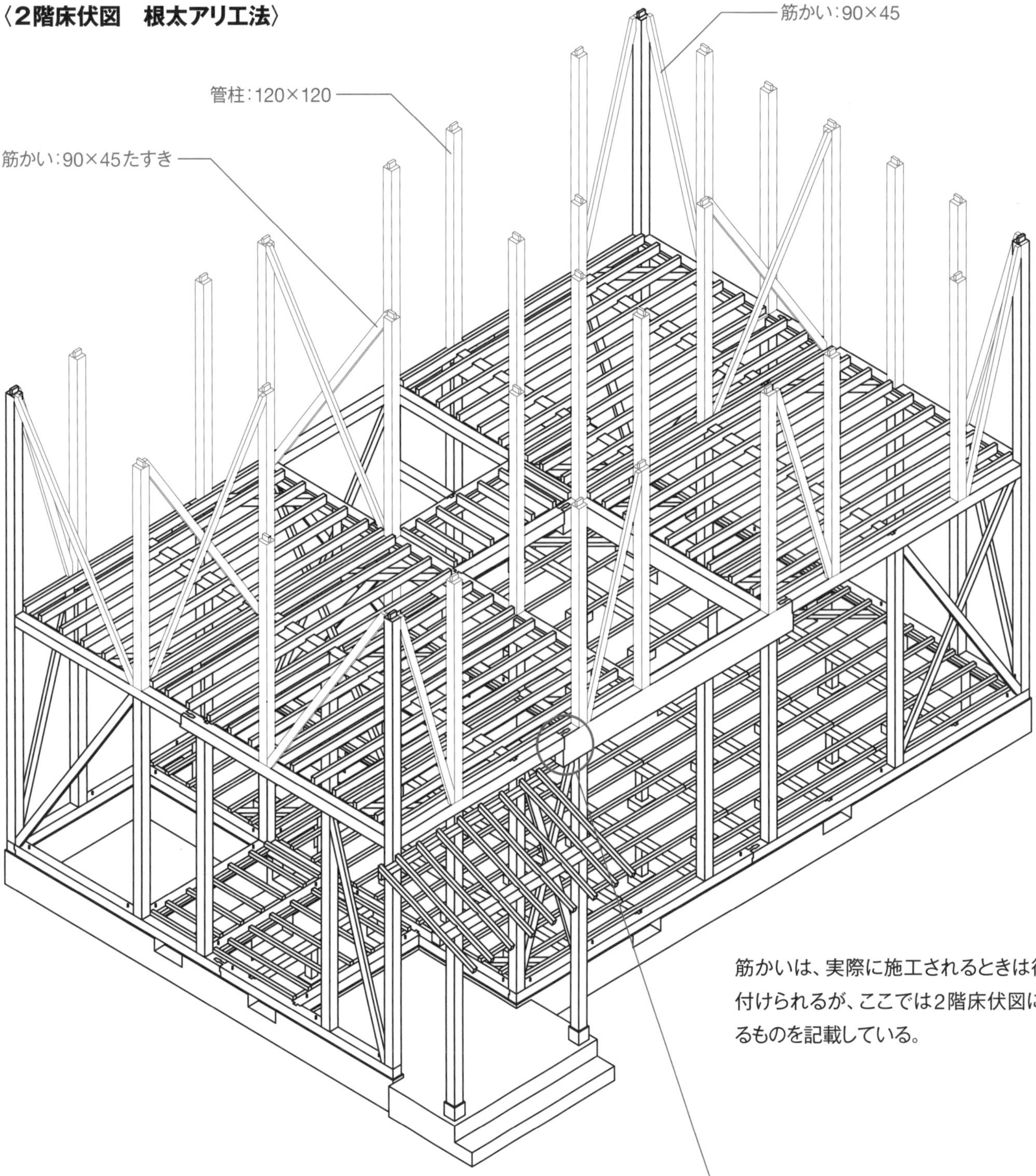

筋かい：90×45

管柱：120×120

筋かい：90×45たすき

筋かいは、実際に施工されるときは後から取り付けられるが、ここでは2階床伏図に明記されるものを記載している。

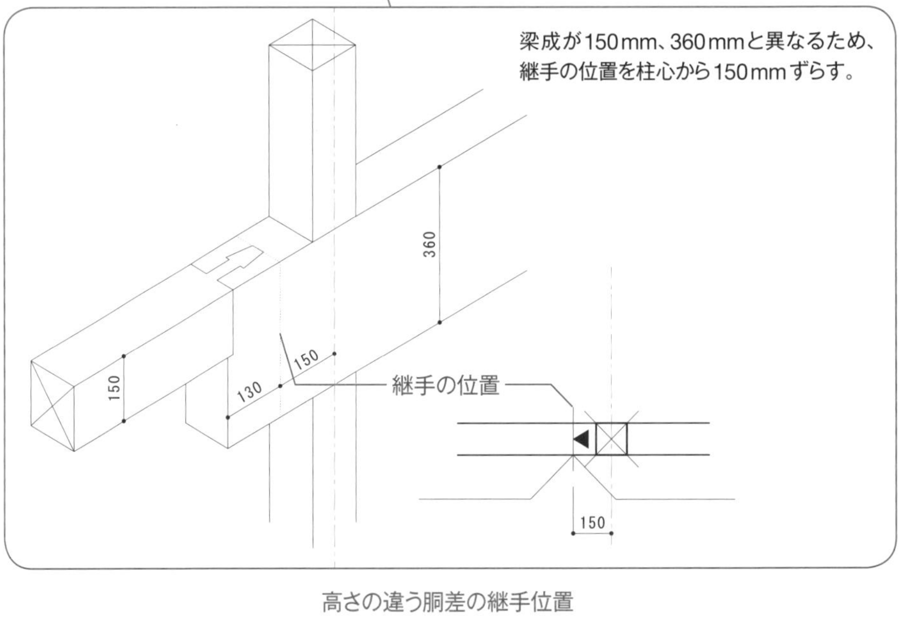

梁成が150mm、360mmと異なるため、継手の位置を柱心から150mmずらす。

360

150

130

150

継手の位置

150

高さの違う胴差の継手位置

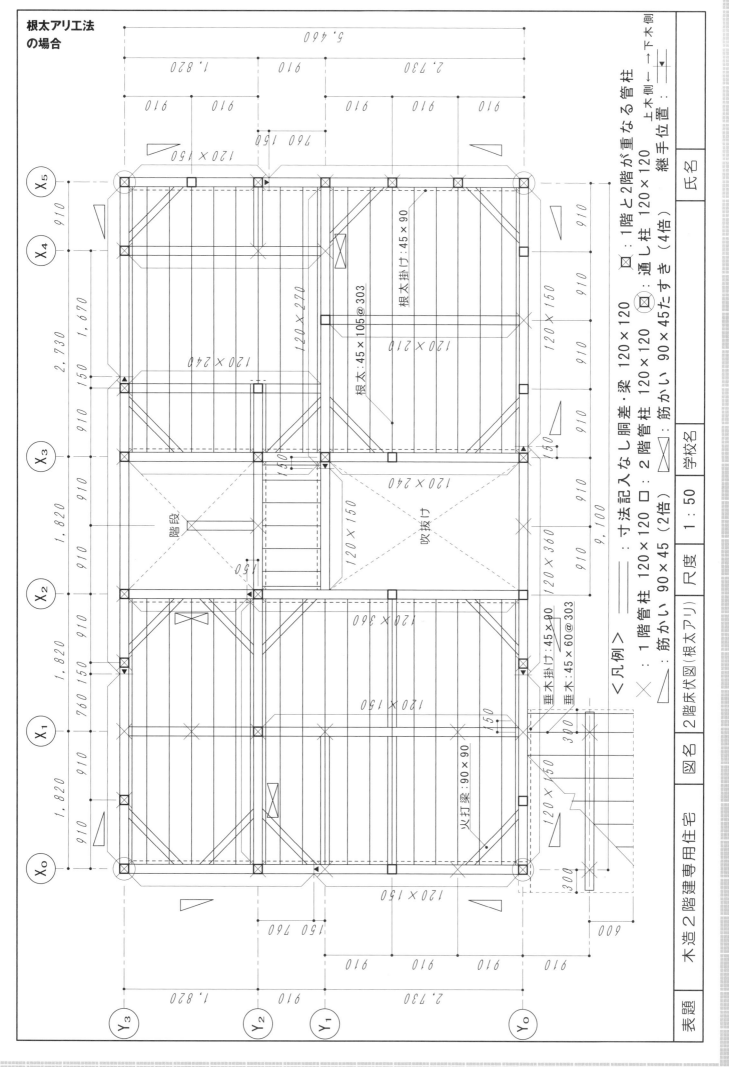

根太アリ工法
の場合

＜凡例＞

────── ：寸法記入なし胴差・梁 120×120　　⊠：1階と2階が重なる管柱

⊠：1階管柱 120×120　□：2階管柱 120×120　⊠：通し柱 120×120

╳：筋かい 90×45（2倍）　◸：筋かい 90×45たすき（4倍）

◺：筋かい 90×45（根太アリ）

継手位置 ：上木側────→下木側

| 表題 | 木造2階建専用住宅 | 図名 | 2階床状図(根太アリ) | 尺度 | 1：50 | 学校名 | | 氏名 | |

作図手順 ❶

1 外周部の下描き線を全体のレイアウト(配置)を考慮しながら、**極細線**で描く。

2 内部の下描き線を**極細線**で910mm間隔に均等割りして描く(定規を傾け、等分に分割する)。

3 玄関ポーチ柱の通り芯を**極細線**で描く。

※ 作図手順❶〜❹では1/50の図面を
2/3に縮小して掲載しています。

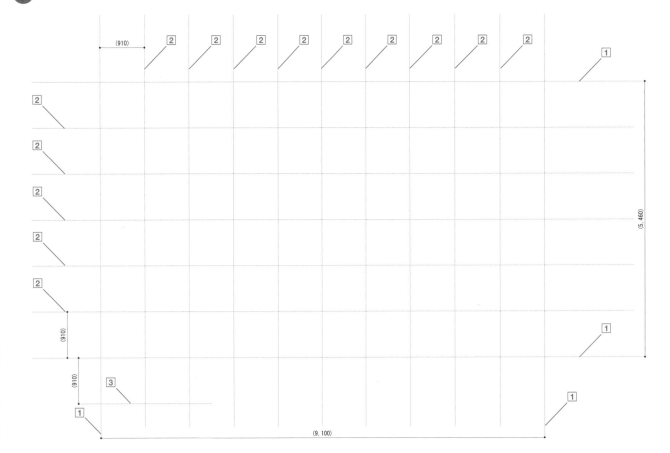

作図手順 ❷

1 胴差・梁・柱部分(厚さは120(=60+60)とする)の下描き線を**極細線**で描く。

ポイント 下描き線は縦と横の線が交差するように実際の長さより長めに引く。

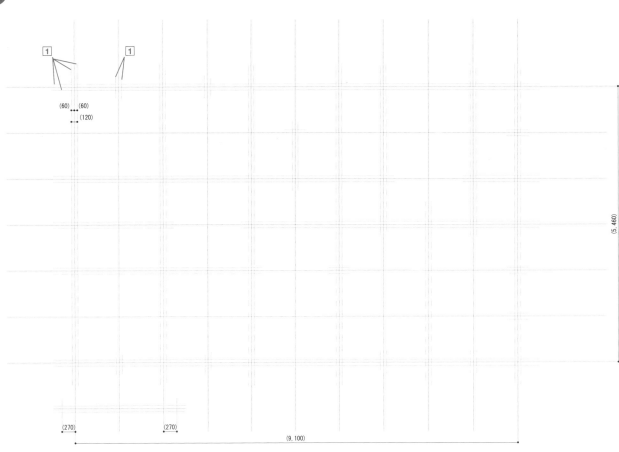

作図手順 ❸

1 胴差・梁部分を**太線の実線**で描く(交点部のはみ出しに注意)。

2 柱記号(□:2階管柱)を**極太線の実線**で描き、柱記号(×:1階管柱、□:通し柱)を**細線の実線**で描く。

3 継ぎ手記号(◁──)を柱(×)から150mm離れた位置に描く。

4 火打梁(厚さは90とする)を**太線の実線**で描く。

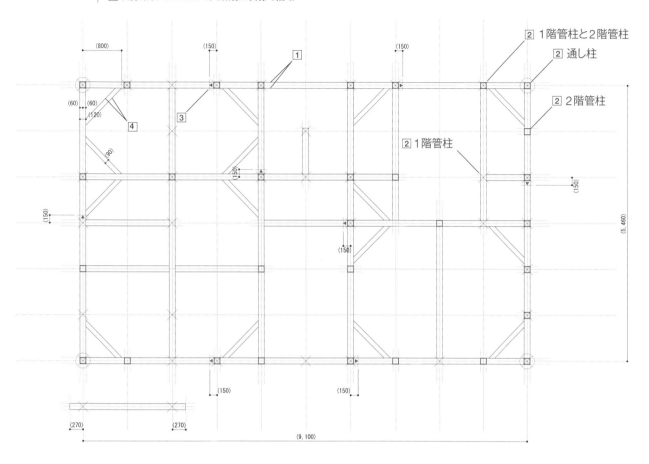

2 1階管柱と2階管柱

2 通し柱

2 2階管柱

2 1階管柱

作図手順 ❹

1 根太を通り芯より303mm間隔で割り付けて**太線の実線**で描く。

2 きわ根太を根太と平行に土台横に**太線の実線**で描く。

3 根太掛を根太と直角に土台横に**太線の破線**で描く。

4 胴差・梁の範囲(╱────╲)を**細線の実線**で描き、断面寸法を記入する(ただし、120×120は省略)。

5 玄関ポーチ屋根の垂木を**太線の実線**で描く。また、屋根の範囲を**細線の破線**で描く。

6 筋かい記号を**太線の実線**で描く。

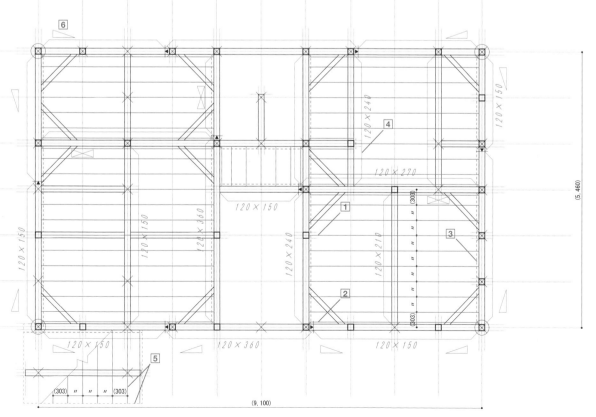

作図手順 ⑤

1 通り芯を**細線の一点鎖線**で描く。　2 基準記号の「○」部分を**太線の実線**で描き、文字を記入する。　3 寸法線を**細線の実線**で描き、寸法値を書く。
4 各部材名称などの説明を引出し線（**細線の実線**）と共に描く。

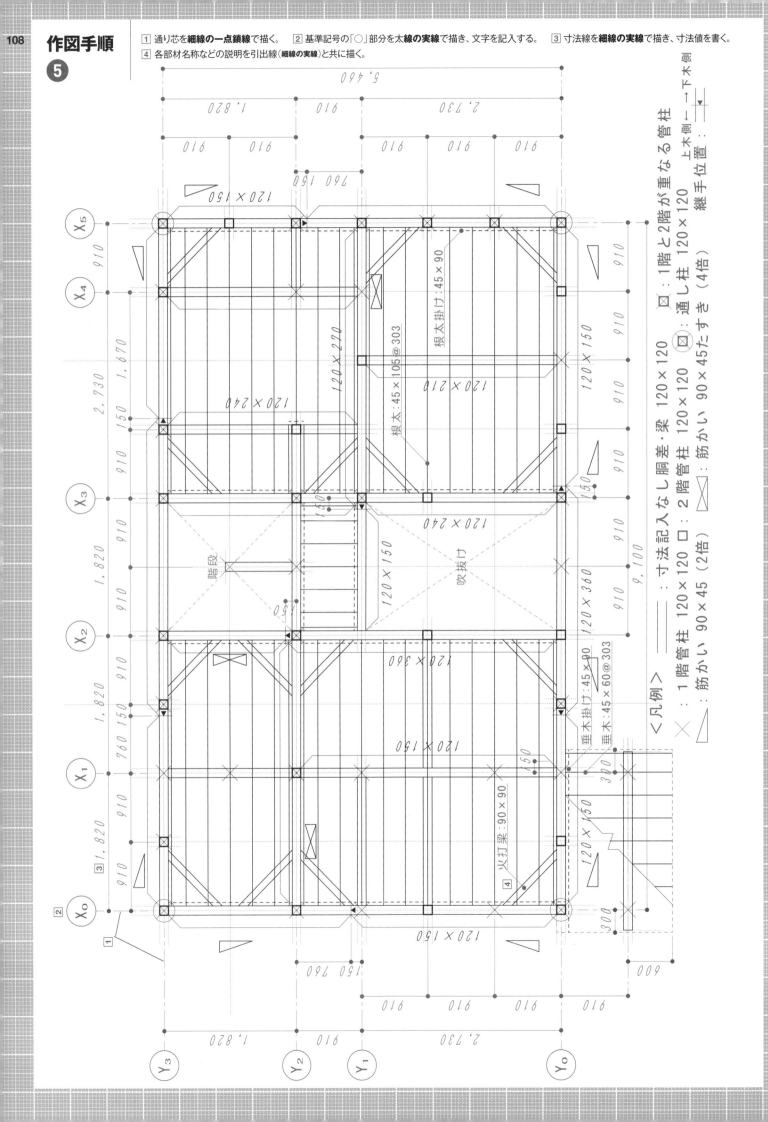

＜凡例＞

───	：寸法記入なし胴差・梁 120×120
	1階管柱 120×120 口：2階管柱 120×120
⊠	：1階と2階が重なる管柱
▣	：通し柱 120×120
✕	：筋かい 90×45たすき（4倍）
◪	筋かい 90×45（2倍）
◺	筋かい 90×45
───	上木側←─→下木側
─┼─	継手位置

〈2階床伏図　根太レス工法〉

❶ 2階床伏図には、根太、根太掛、きわ根太などは存在しないので、示しません（ただし、火打梁は場合によって記すこともあります）。

❷ 1階柱の位置を「×」、2階柱位置を「□」、1階と2階が重なる管柱位置を「⊠」、通し柱位置を「⊗」で示します。

❸ 筋かいの位置も記号「⋈ ◿」で示します。

❹ 胴差などの継手記号「▭◂」は一般的に示しませんが、示すことで、より情報が充実します。

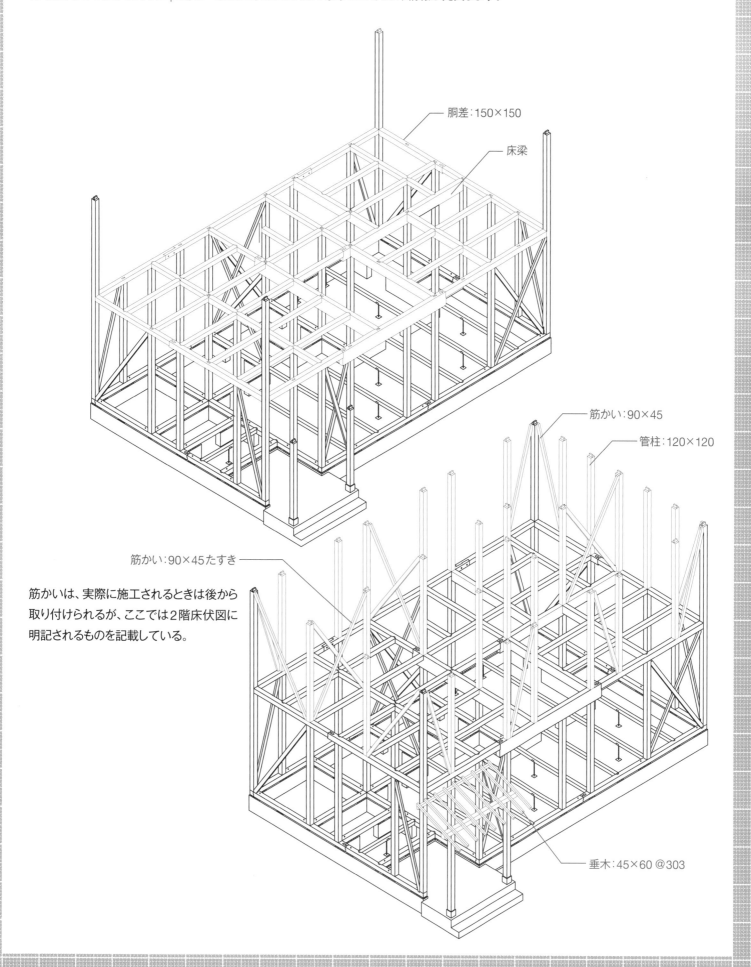

胴差：150×150

床梁

筋かい：90×45

管柱：120×120

筋かい：90×45たすき

筋かいは、実際に施工されるときは後から取り付けられるが、ここでは2階床伏図に明記されるものを記載している。

垂木：45×60 @303

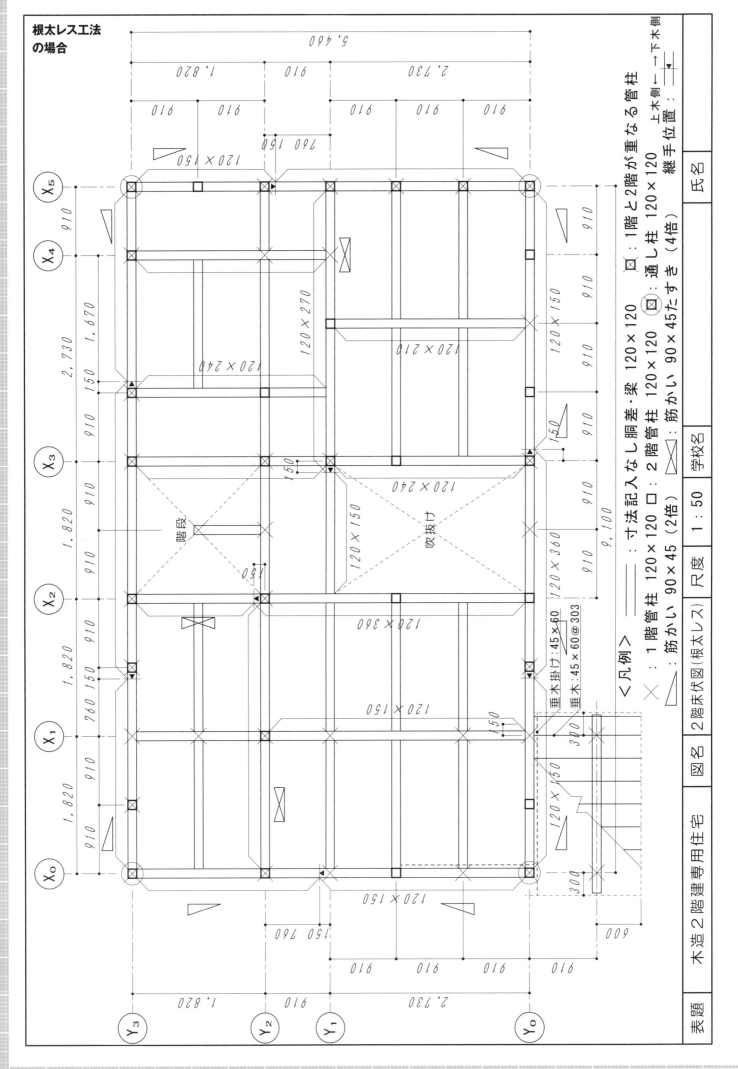

根太レス工法
の場合

<凡例>

━━━━ ：寸法記入なし胴差・梁 120×120　　⊠：1階と2階が重なる管柱

━━ ：1階管柱 120×120　□：2階管柱 120×120　⊡：通し柱 120×120

✕ ：筋かい 90×45（2倍）　⊠：筋かい 90×45たすき（4倍）

◢ ：筋かい 90×45　　　：上木側←→下木側　——

垂木掛け：45×60
垂木：45×60@303

継手位置

上木側←→下木側 —┬—

5,460
1,820 / 910 / 2,730
910 / 910 / 910 / 910 / 910

2,730 / 1,820
910 / 910

9,100

120×150
760 150
120×150

120×240
120×210
120×270
120×150
120×240
120×150
120×150
120×360
120×360
120×150
120×150
150
300
300
600

階段
吹抜け

| 表題 | 木造2階建専用住宅 | 図名 | 2階床状図(根太レス) | 尺度 | 1：50 | 学校名 | | 氏名 | |

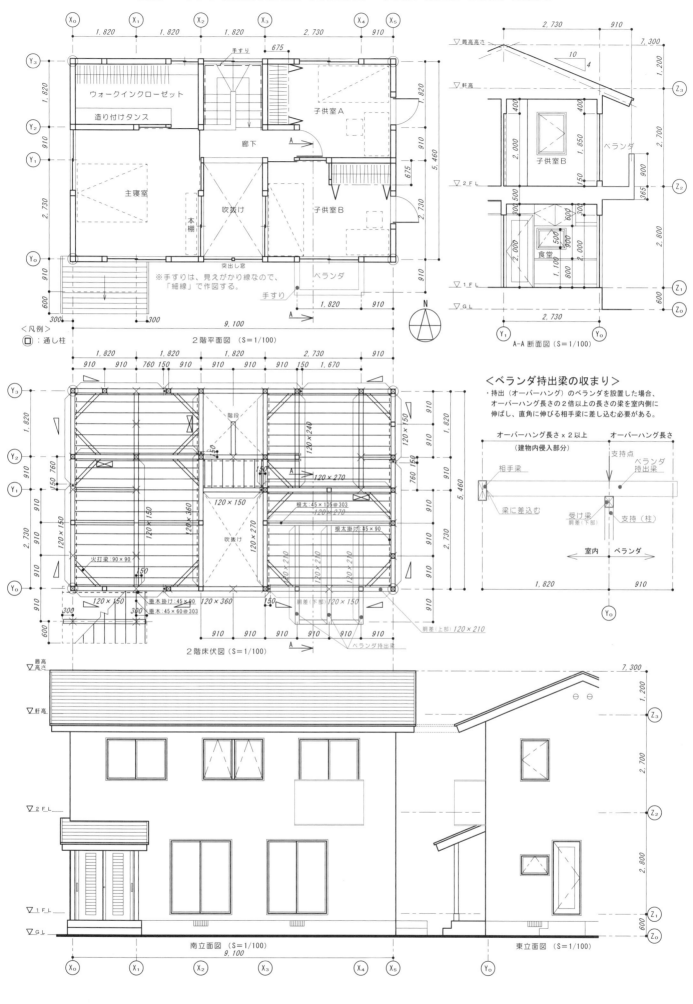

２階平面図（S＝1/100）

A-A 断面図（S＝1/100）

＜凡例＞
□：通し柱

※手すりは、見えがかり線なので、「細線」で作図する。

２階床伏図（S＝1/100）

＜ベランダ持出梁の収まり＞
・持出（オーバーハング）のベランダを設置した場合、オーバーハング長さの2倍以上の長さの梁を室内側に伸ばし、直角に伸びる相手梁に差し込む必要がある。

南立面図（S＝1/100）

東立面図（S＝1/100）

2階にベランダを追加した場合の作図方法 ＜ベランダ持出梁＞

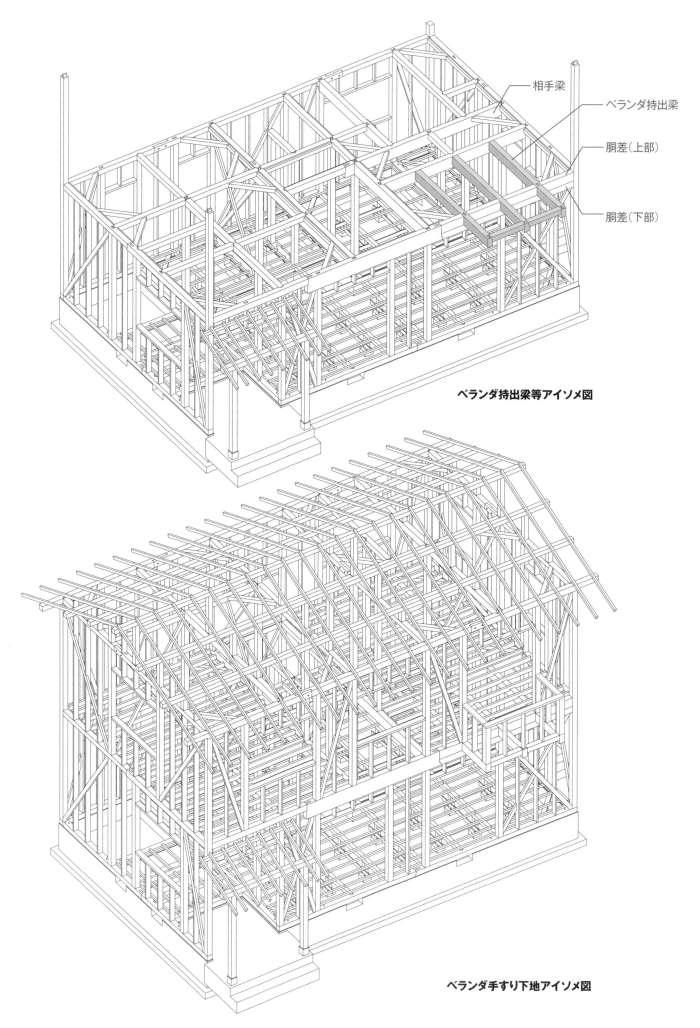

相手梁

ベランダ持出梁

胴差（上部）

胴差（下部）

ベランダ持出梁等アイソメ図

ベランダ手すり下地アイソメ図

2階にベランダを追加した場合の作図方法 <矩計図>

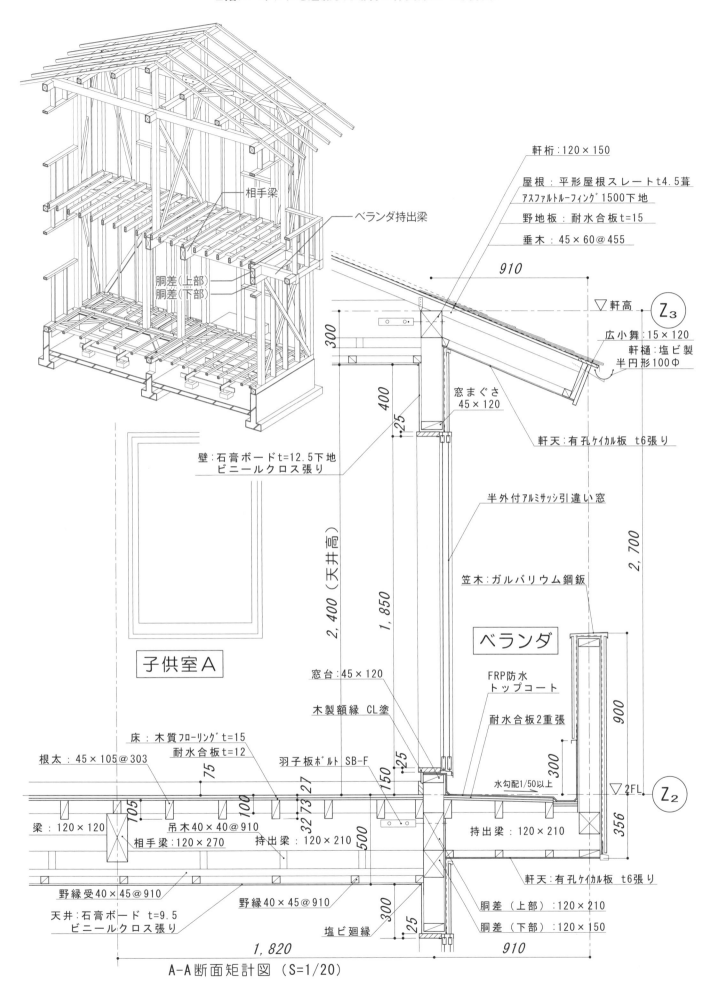

軒桁：120×150

屋根 ：平形屋根スレート t4.5葺
アスファルトルーフィング 1500下地

野地板：耐水合板 t=15

垂木：45×60@455

910

▽軒高 　Z₃

広小舞：15×120

軒樋：塩ビ製
半円形100Φ

300

400

25

窓まぐさ
45×120

軒天：有孔ケイカル板 t6張り

壁：石膏ボードt=12.5下地
ビニールクロス張り

半外付アルミサッシ引違い窓

笠木：ガルバリウム鋼鈑

2,700

ベランダ持出梁

相手梁

胴差(上部)
胴差(下部)

子供室A

2,400（天井高）

1,850

ベランダ

FRP防水
トップコート

耐水合板2重張

窓台：45×120

木製額縁 CL塗

羽子板ボルト SB-F

900

300

水勾配1/50以上

▽2FL 　Z₂

床：木質フローリング t=15

耐水合板 t=12

25

150

356

根太：45×105@303

75

100

32 73 27

梁：120×120

105

500

吊木40×40@910

持出梁：120×210

持出梁：120×210

相手梁：120×270

野縁受40×45@910

野縁40×45@910

軒天：有孔ケイカル板 t6張り

天井：石膏ボード t=9.5
ビニールクロス張り

300

25

塩ビ廻縁

胴差（上部）：120×210

胴差（下部）：120×150

1,820

910

A-A断面矩計図 （S=1/20）

114

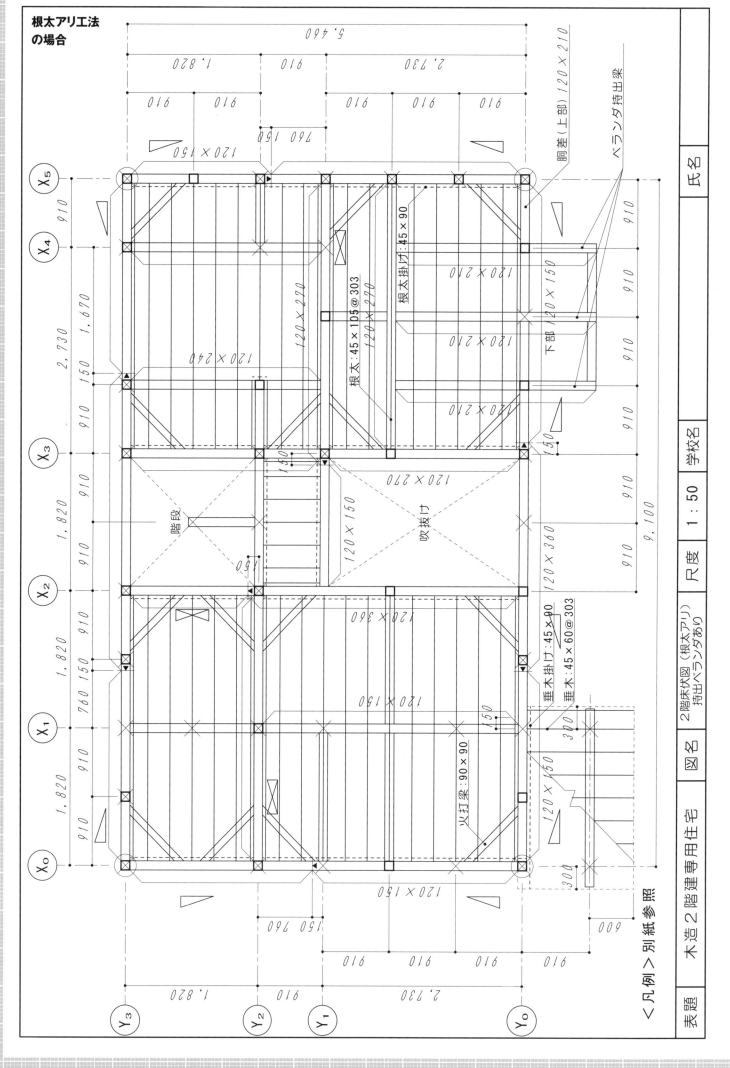

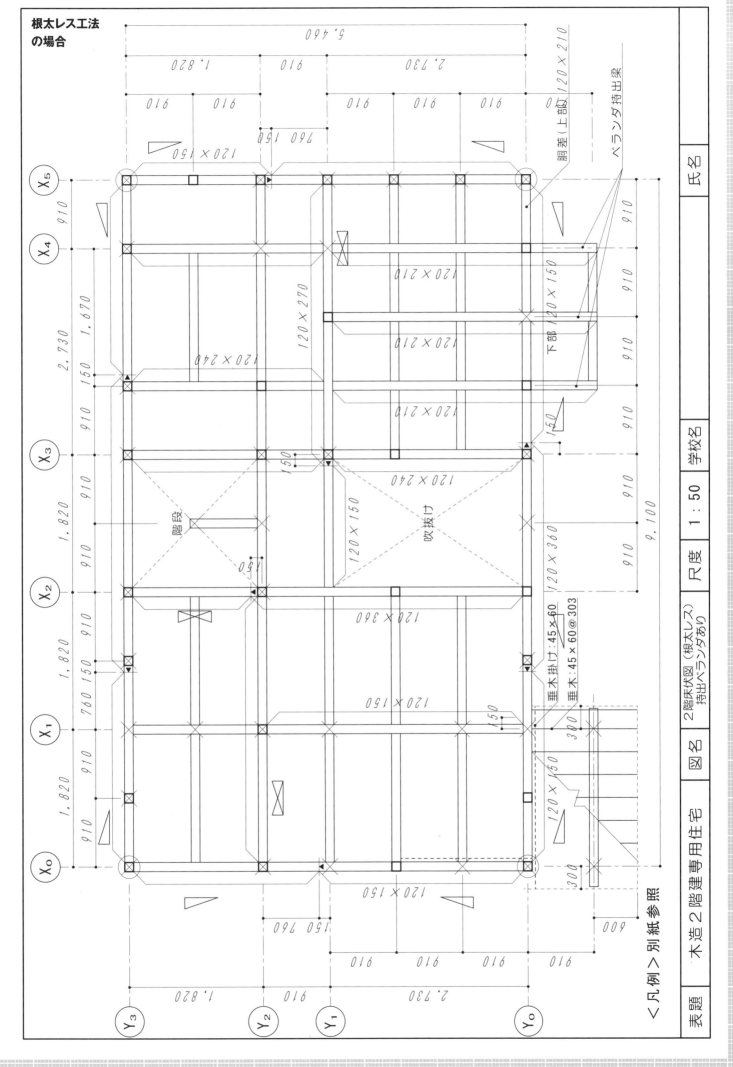

3 小屋伏図の描き方

小屋伏図とは、建築物の小屋組に使われている構造部材の形状や配置を平面的に表した図面です。アイソメ図で、2階柱と小屋組の構造材との関係を確認します。アイソメ図は根太アリ工法の例です。小屋伏図は1/100の作図表現で、1/50に拡大した図面を作図練習します。

❶ 小屋伏図に示すものには、ふつう軒桁、梁、小屋梁、火打梁、小屋束、棟木、母屋、垂木などがあります。また、下部の「柱」の位置も示す必要があります。

❷ 「柱」を「**細線の実線**」で「×」、「小屋束」を「**細線の実線**」で「○」と描きます。

❸ 「軒桁」「梁」「火打梁」を厚さを考慮して、「**太線の実線**」で描きます。

❹ 「小屋梁」を元口が、軒桁にかかるようにし、「**太線の実線**」で、「◁▱▭▭▭▭▭」の記号で描きます。

❺ 「棟木」は「**太線の一点鎖線**」2本で描き、「母屋」は1本で描きます。

❻ 「垂木」は「**細線の実線**」で描きます。

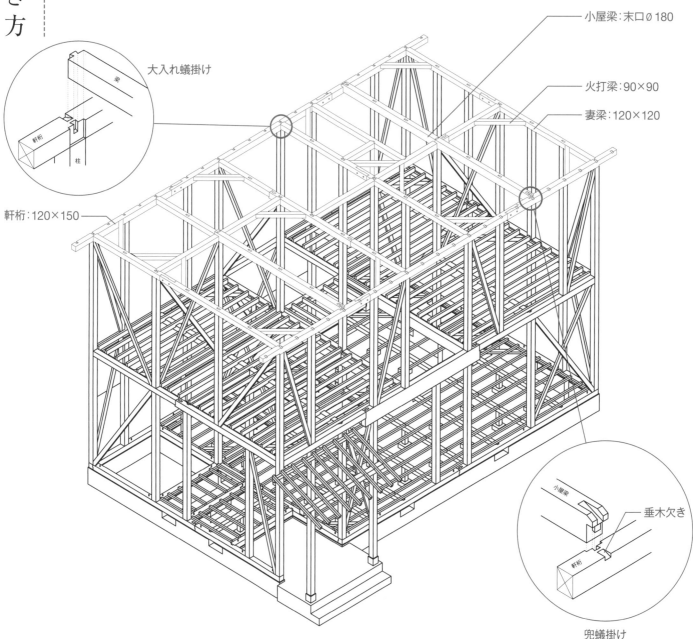

大入れ蟻掛け

梁

軒桁

柱

軒桁：120×150

小屋梁：末口⌀180

火打梁：90×90

妻梁：120×120

小屋梁

垂木欠き

軒桁

兜蟻掛け

床梁・胴差・軒桁の断面寸法　　　　　　　　　　　（単位mm）

荷重条件 ＼ 柱間隔（スパン）	1820	2730	3640
スパン内に荷重（柱、梁）なし	120×120	120×210	120×300
スパン内に荷重（柱、梁）1架る	120×150	120×240	120×330
スパン内に荷重（柱、梁）2架る	120×150	120×270	120×360
スパン内に荷重（柱、梁）3架る	120×150	120×300	120×390

p.97、p.102の2階床伏図の胴差・床梁および p.106の小屋伏図の軒桁・梁などの断面寸法は上記の表をもとに決定しています。

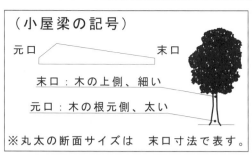

（小屋梁の記号）

元口　　　　　　末口

末口：木の上側、細い

元口：木の根元側、太い

※丸太の断面サイズは　末口寸法で表す。

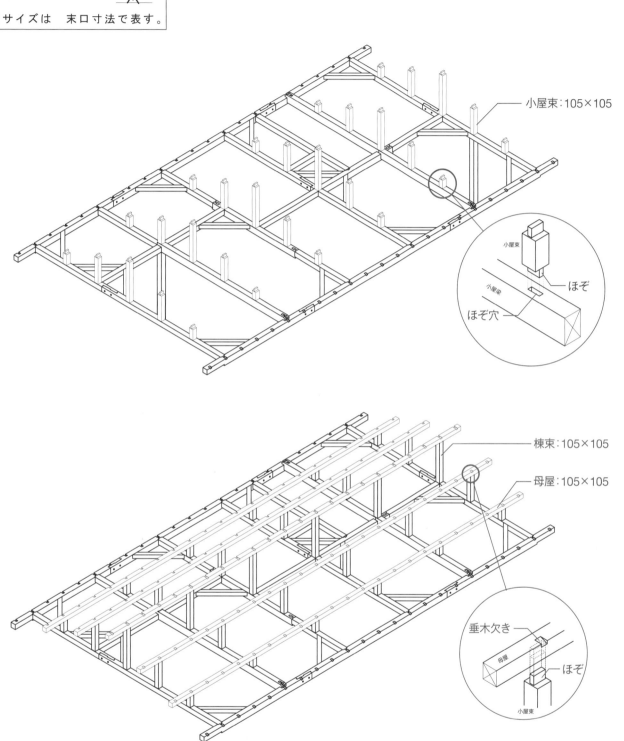

小屋束：105×105

小屋束

ほぞ

小屋梁

ほぞ穴

棟束：105×105

母屋：105×105

垂木欠き

母屋

ほぞ

小屋束

118

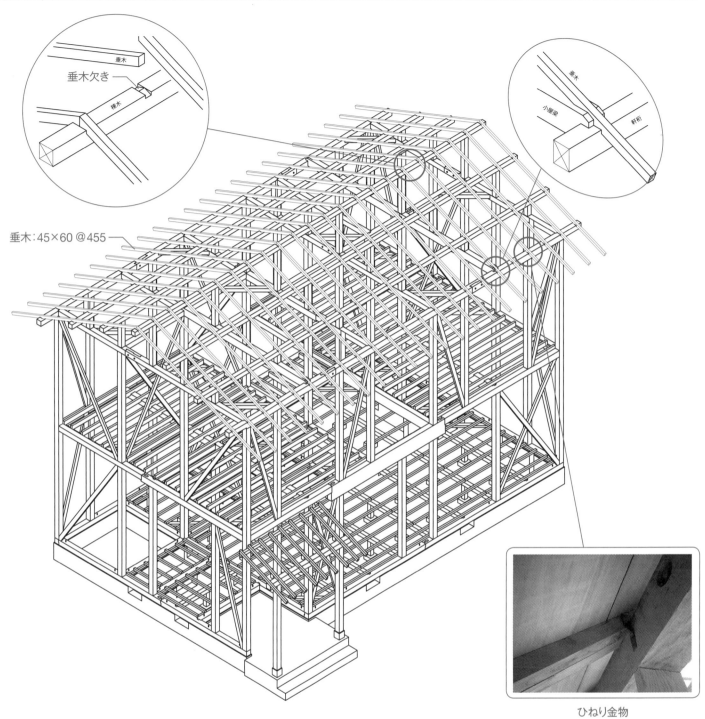

垂木

垂木欠き

棟木

垂木

小屋梁

軒桁

垂木：45×60 @455

ひねり金物

［参考］根太レス工法の場合

作図方法は根太アリ工法と共通です。

垂木：45×60 @455

切妻屋根の場合

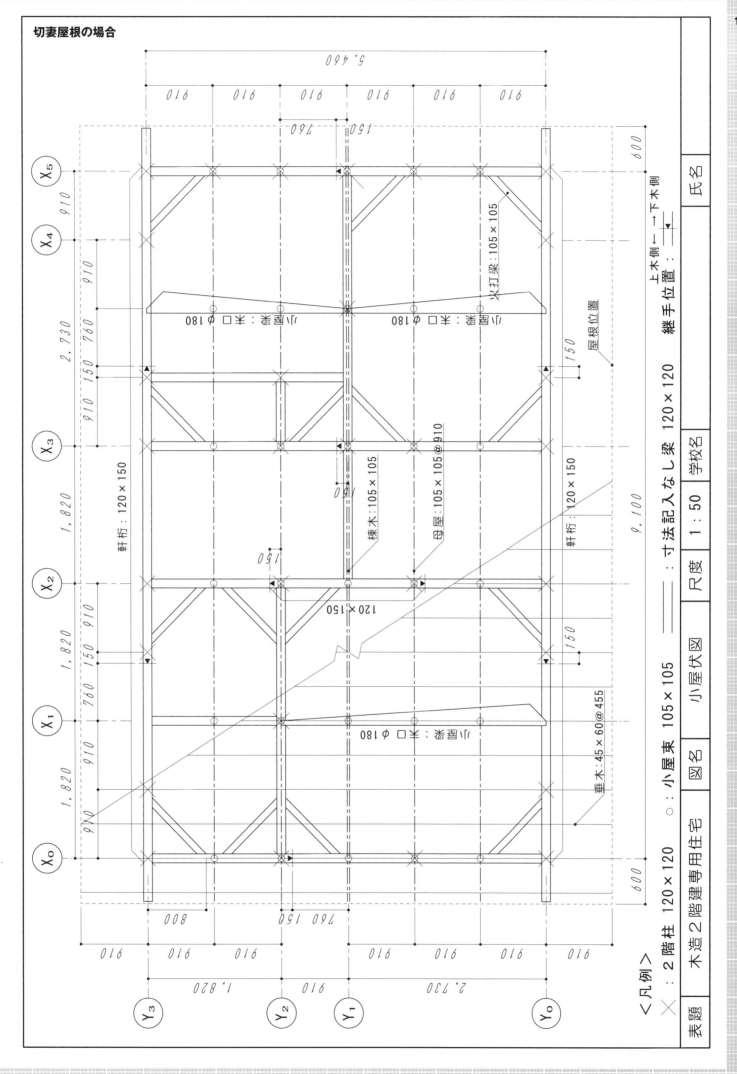

垂木：45×60@455

小屋筋かい：米□ φ180

棟木：105×105

母屋：105×105@910

120×150

軒桁：120×150

軒桁：120×150

火打梁：105×105

小屋筋かい：米□ φ180

小屋筋かい：米□ φ180

屋根位置

継手位置： 上木側←─→下木側

＜凡例＞

✕ ：2階柱 120×120　○ ：小屋束 105×105　──── ：寸法記入なし梁 120×120

| 表題 | 木造2階建専用住宅 | 図名 | 小屋伏図 | 尺度 | 1：50 | 学校名 | 氏名 |

作図手順①

1 外周部の下描き線を全体のレイアウト（配置）を考慮しながら、**極細線**で描く。

2 内部の下描き線を**極細線**で910mm間隔に均等割りして描く（定規を傾け、等分に分割する）。

3 柱記号（×：2階柱）を**細線の実線**で描く。

※ 作図手順①～❹では1/50の図面を
2/3に縮小して掲載しています。

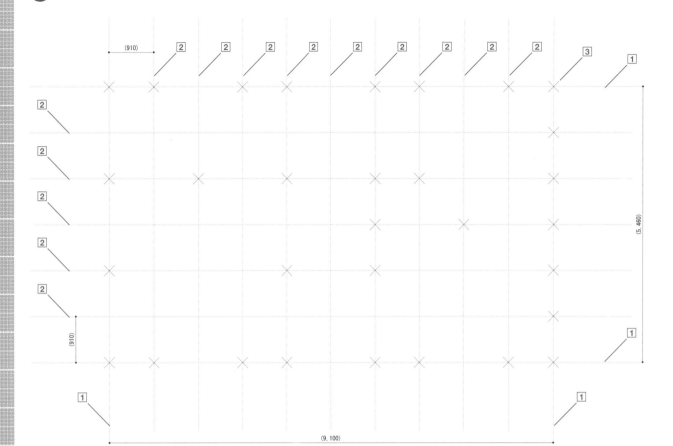

作図手順②

1 軒桁・梁部分（厚さは120（＝60＋60）とする）の下描き線を**極細線**で描く。

ポイント 下描き線は縦と横の線が交差するように実際の長さより長めに引く。

2 小屋梁の下描き線を**極細線**で描く。

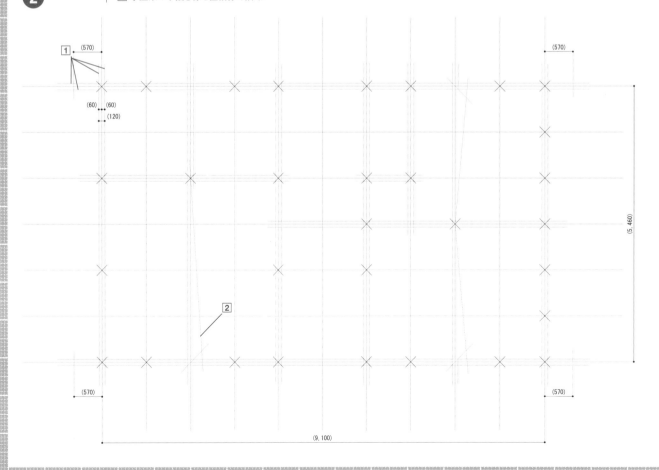

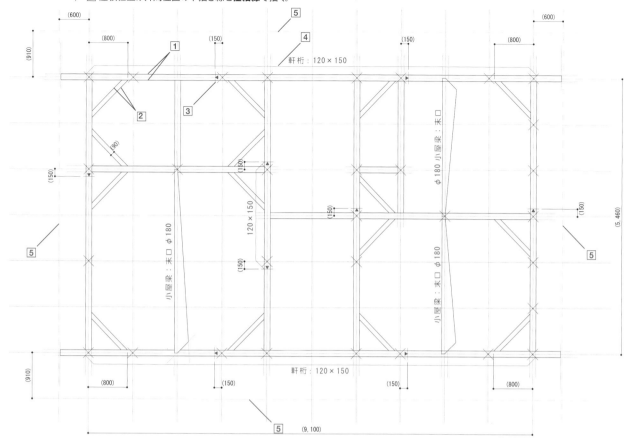

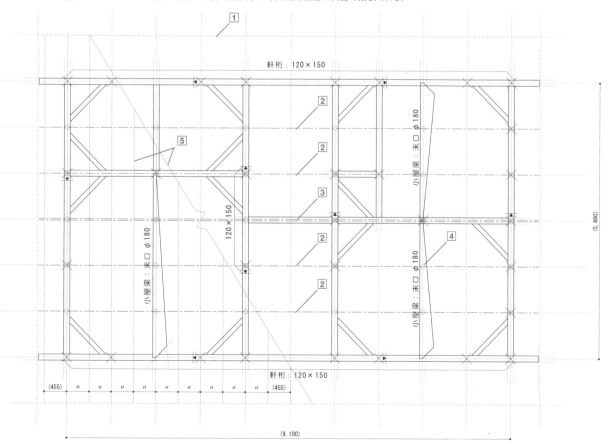

作図手順 ❸

1. 軒桁・梁部分を**太線の実線**で描く（交点部のはみ出しに注意）。
2. 火打梁（厚さは90とする）を**太線の実線**で描く。また、小屋梁を下描き線の上から**太線の実線**で仕上げる。
3. 継ぎ手記号（ ▭◀ ）を柱（×）から150mm離れた位置に描く。
4. 軒桁・梁の範囲（ ╱▔▔▔▔▔╲ ）を**細線の実線**で描き、断面寸法を記入する（ただし、120×120は省略）。
5. 屋根仕上げ外周位置の下描き線を**極細線**で描く。

作図手順 ❹

1. 屋根仕上げ外周位置の下描き線の上から**細線の破線**で仕上げる。
2. 母屋を軒桁から910mm間隔で割付け、単線にて**太線の一点鎖線**で描く。
3. 棟木を梁間中央に**太線の一点鎖線**2本で描く。
4. 小屋束位置に**細線の実線**で「○」を描く。
5. 垂木を455mmの間隔で**細線の実線**で割り付け、省略線も**細線の実線**で描き入れる。

作図手順 ❺

1 通り芯を**細線の一点鎖線**で描く。　2 基準記号の「○」部分を**太線の実線**で描き、文字を記入する。　3 寸法線を**細線の実線**で描き、寸法値を書く。また、小屋梁を下描き線の上から**太線の実線**で仕上げる。　4 各部材名称などの説明を引出線（**細線の実線**）と共に描く。　5 垂木を455mmの間隔で**細線の実線**で割り付け、省略線も**細線の実線**で描き入れる。

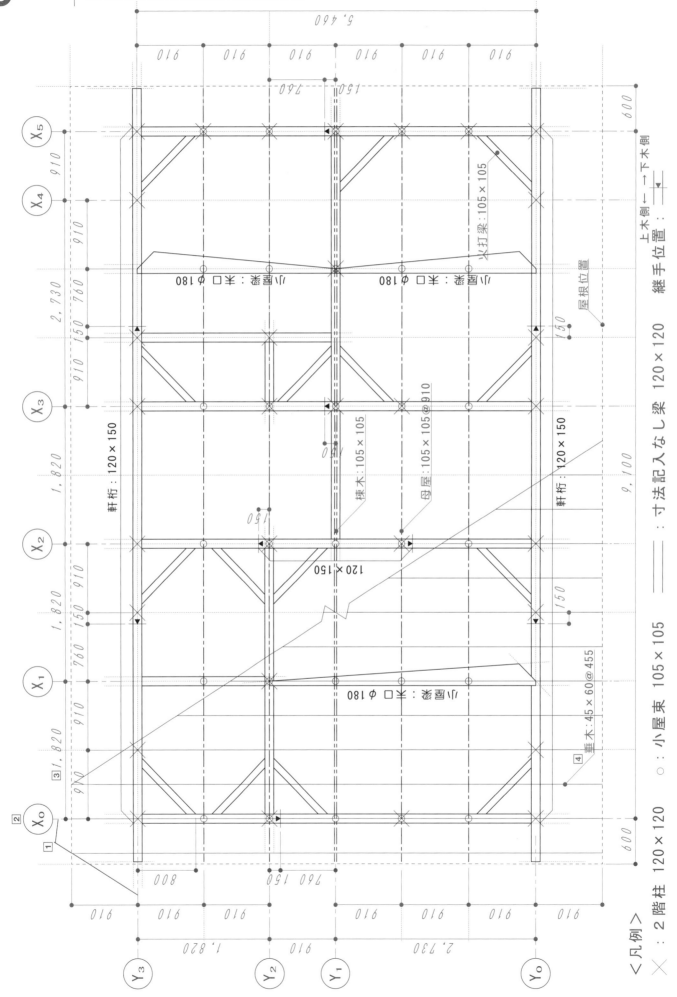

<凡例＞

X：2階柱 120×120
○：小屋束 105×105
━━━━：寸法記入なし梁 120×120
上木側 ← → 下木側 継手位置：─┬─

寄棟屋根の構造図アイソメ図と小屋伏図

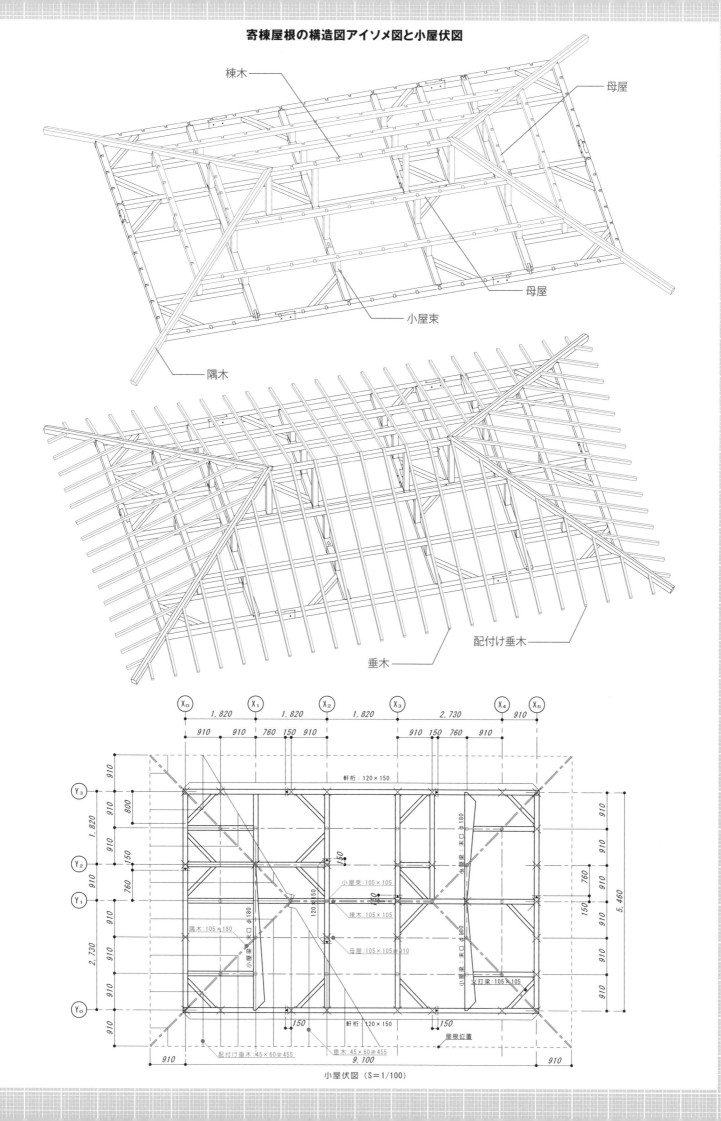

棟木

母屋

母屋

小屋束

隅木

配付け垂木

垂木

X₀ X₁ X₂ X₃ X₄ X₅

1,820 1,820 1,820 2,730 910

910 910 760 150 910 910 150 760 910

Y₃
Y₂
Y₁
Y₀

910 800 910 1,820 910 150 760 910 910 2,730 910 910

軒桁：120×150

小屋梁：末口 φ180

小屋束：105×105

棟木：105×105

隅木：105×180 天口 φ180

母屋：105×105@910

小屋梁 末口 φ180

火打梁：105×105

軒桁：120×150

屋根位置

150 150

配付け垂木：45×60@455

垂木：45×60@455

910 9,100 910

5,460

小屋伏図 （S=1/100）

寄棟屋根の場合

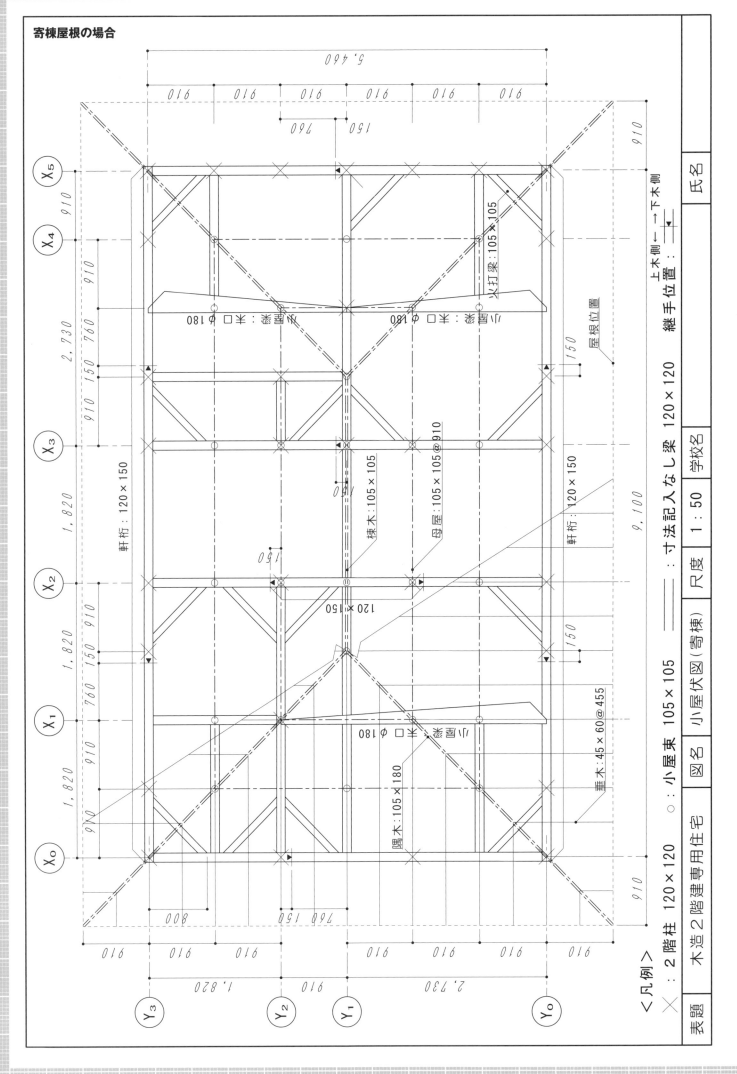

4 軸組図の描き方

軸組図とは、建築物の各壁（通り）ごとに構造部材の形状や配置を立面的に表した図面です。アイソメ図で、各通りごとの構造部材との関係を確認します。アイソメ図は根太アリ工法の例です。軸組図は1/100の作図表現で、1/50に拡大した図面を作図練習します。

❶ 軸組図に示すものには、ふつう軒桁、妻梁、胴差、柱、間柱、筋かい、窓台、窓まぐさ、土台などがあります。また、下部の基礎や床下換気口（基礎パッキンを使用した場合は不要）も示す必要があります。

❷ 使用する線は「地盤線」を「**極太線の実線**」で描く以外すべて「**太線の実線**」で描きます。

❸ 「間柱」は厚さを付けず、単線の「**太線の実線**」で描きます。

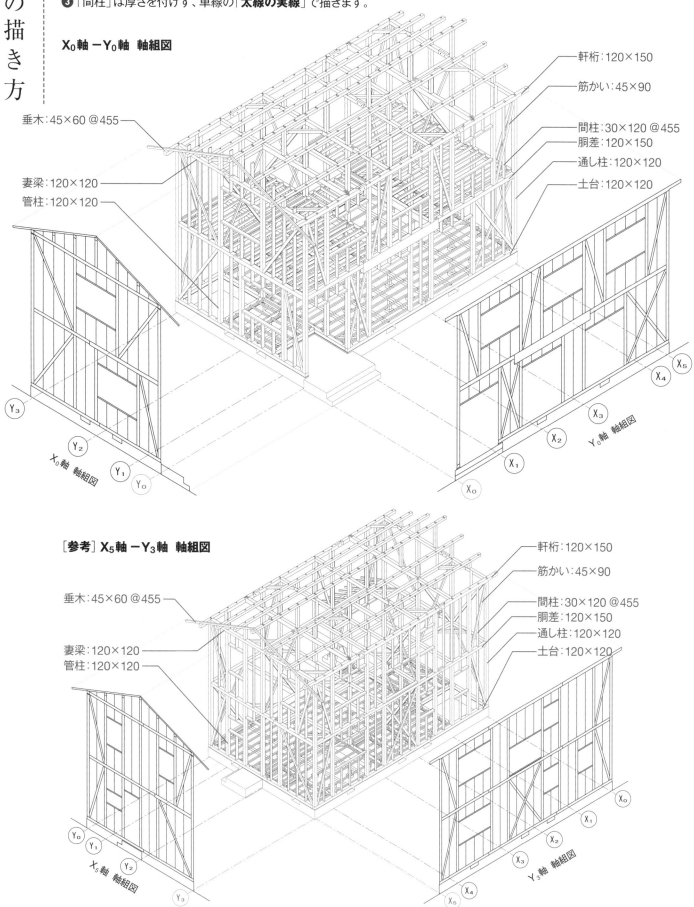

X₀軸－Y₀軸 軸組図

垂木:45×60 @455

妻梁:120×120
管柱:120×120

軒桁:120×150
筋かい:45×90
間柱:30×120 @455
胴差:120×150
通し柱:120×120
土台:120×120

X₀軸 軸組図
Y₀軸 軸組図

［参考］X₅軸－Y₃軸 軸組図

垂木:45×60 @455

妻梁:120×120
管柱:120×120

軒桁:120×150
筋かい:45×90
間柱:30×120 @455
胴差:120×150
通し柱:120×120
土台:120×120

X₅軸 軸組図
Y₃軸 軸組図

根太アリ工法の場合（Y₀軸）

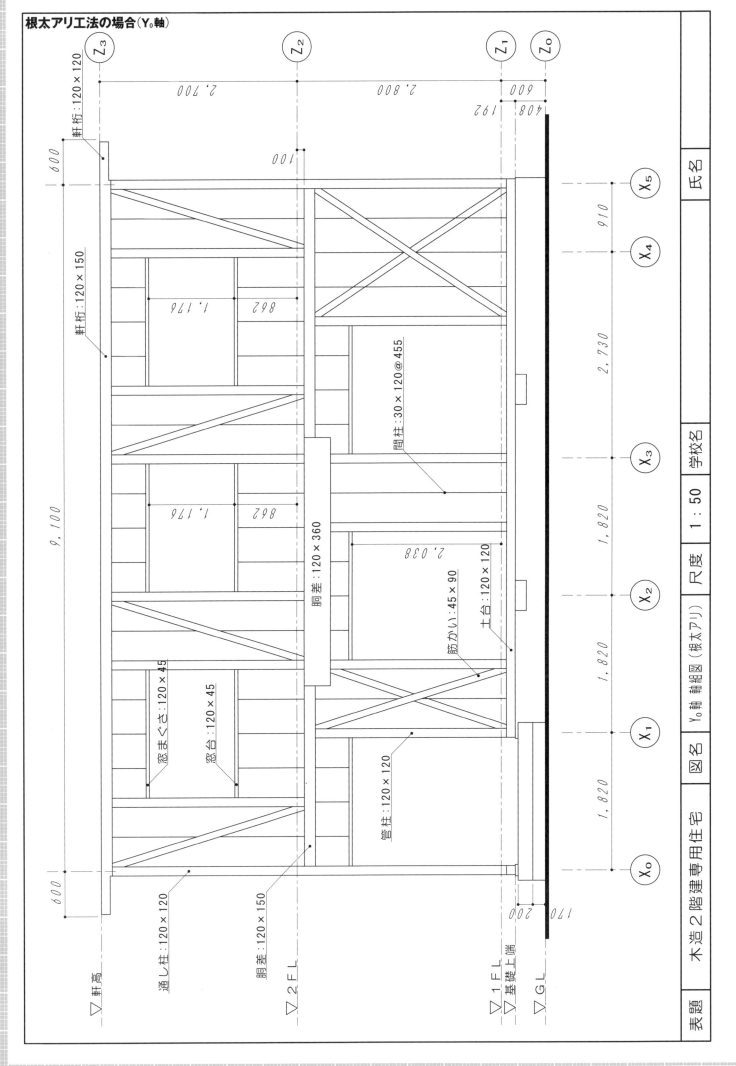

軒桁：120×120
軒桁：120×150
胴差：120×360
間柱：30×120@455
通し柱：120×120
胴差：120×150
窓まぐさ：120×45
窓台：120×45
筋かい：45×90
土台：120×120
管柱：120×120

2,700
2,800
600
408
192
600
100
910
2,730
1,820
2,038
1,820
1,820
1,820
9,100
1,176
862
1,176
862
408
192
170
200
170
600
600

Z₃ Z₂ Z₁ Z₀
X₀ X₁ X₂ X₃ X₄ X₅

▽軒高
▽2FL
▽1FL
▽基礎上端
▽GL

| 表題 | 木造2階建専用住宅 | 図名 | Y₀軸 軸組図（根太アリ） | 尺度 | 1：50 | 学校名 | | 氏名 | |

作図手順 ①

1 小屋伏図より、柱位置（×）他、910mm間隔で基準線を**極細線**で描く。　2 GL、1FL、2FL、基礎上端、軒高の高さの基準線を**極細線**で描く。
3 軒桁の位置や大きさの下描き線を**極細線**で描く。　4 土台上端の下描き線を**極細線**で描く。

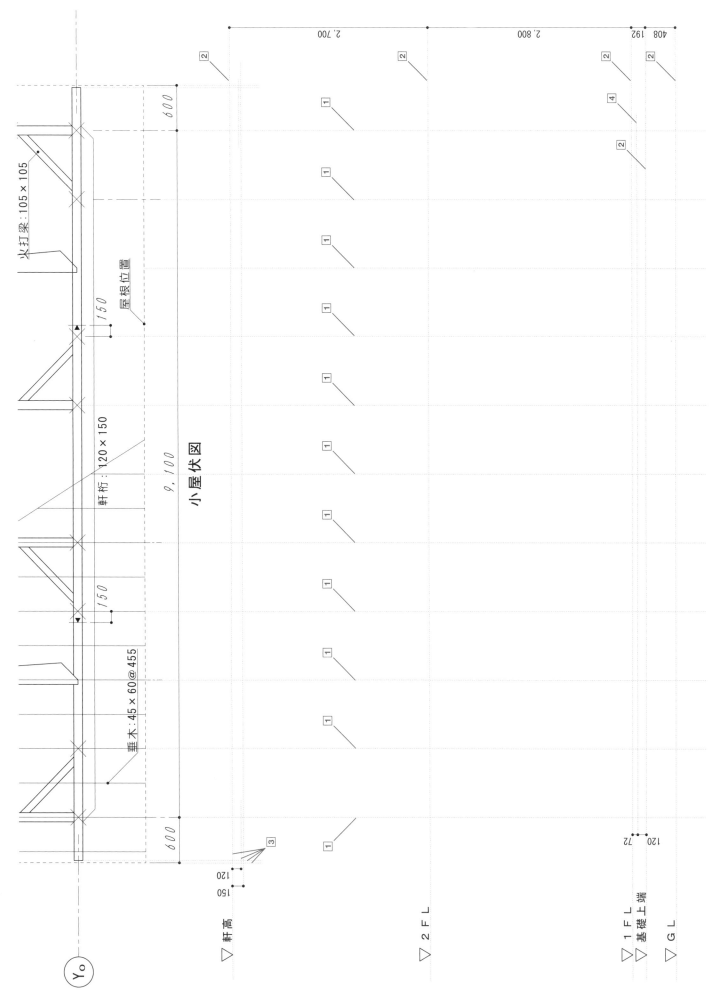

小屋伏図

火打梁：105×105
軒桁：120×150
垂木：45×60@455
屋根位置
9,100

軒高　2FL　1FL　基礎上端　GL

作図手順
❷

1 2階床伏図より、2階柱位置（□）と1階柱位置（×）を確認して、下描き線を**極細線**で描く。　2 基礎（芯から75mm、75mmの振分け）の下描き線を**極細線**で描く。
3 胴差の下描き線を**極細線**で描く。　4 2階床伏図より、胴差の継手位置を**極細線**でおろして描く。ここでは、梁成が150mm、360mmと異なるため、継手の位置から130mmずらす（p.96参照）。

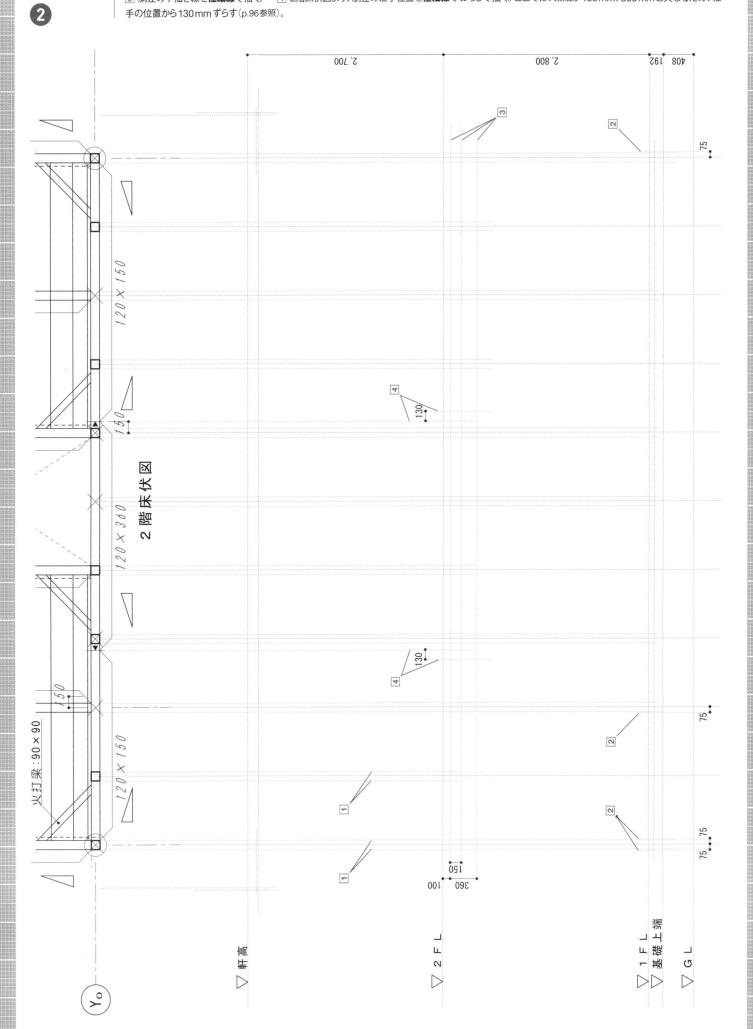

作図手順 ❸

1 軒桁部分を下描き線の上から**太線の実線**で描く（交点部のはみ出しに注意）。 2 胴差部分を下描き線の上から**太線の実線**で描く。

3 土台・基礎部分を下描き線の上から**太線の実線**で描く。 4 通し柱・管柱部分を下描き線の上から**太線の実線**で描く。

5 ポーチ部分を下描き線を描いた後、その上から**太線の実線**で描く。 6 GL線を**超極太線の実線**で描く。

7 胴差の継手位置を下描き線の上から、**太線の実線**で描く。

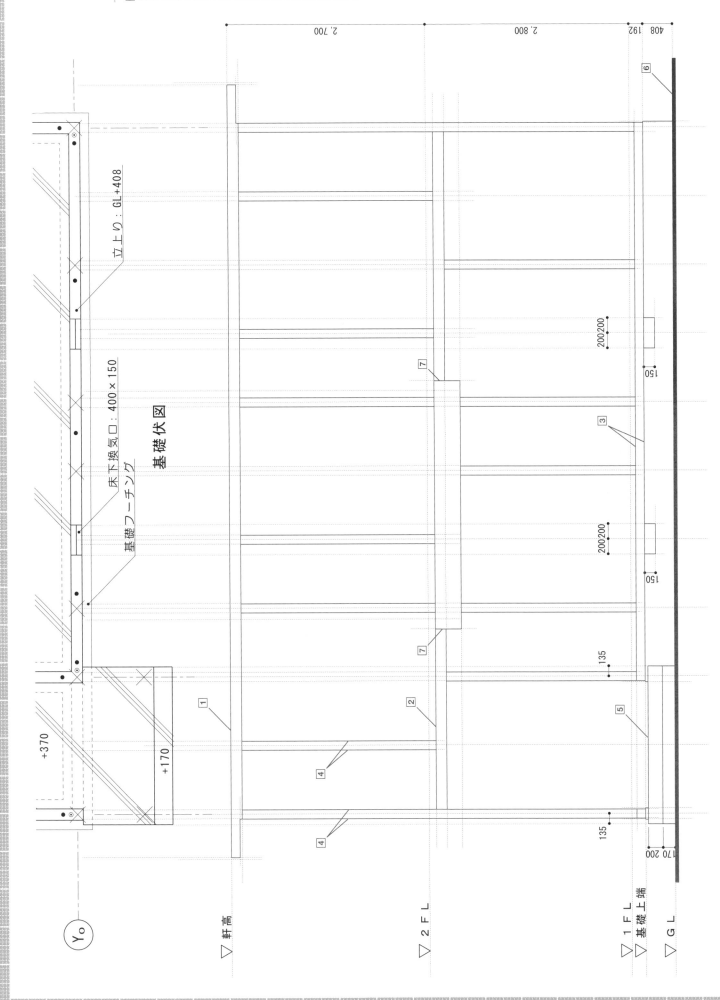

基礎伏図

床下換気口：400×150

立上り：GL+408

基礎フーチング

作図手順

4

① 筋かい部分の芯を斜めに**極細線**で描き、45mm、45mmの振り分けで**太線の実線**で描く。

② 窓台、窓まぐさを**太線の実線**で描く。

③ 間柱を455mm間隔で**太線の実線**で描く。

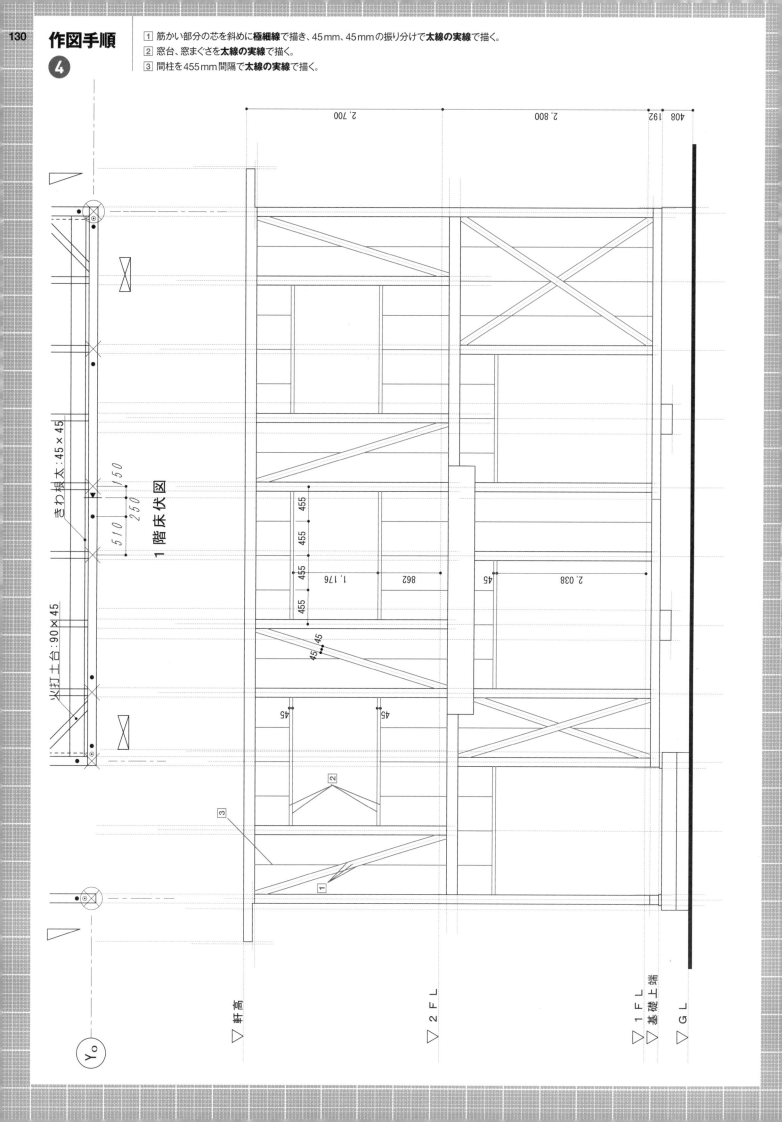

1 通り芯、高さの基準線を**細線の一点鎖線**で描く。　2 寸法線を**細線の実線**で描き、寸法値を書く。　3 基準記号の「○」部分を**太線の実線**で描き、文字を記入する。　4 各部材名称などの説明を引出線（**細線の実線**）と共に描く。　5 高さ記号「▽」を**太線の実線**で描き、各部高さの名称を記入する。

131

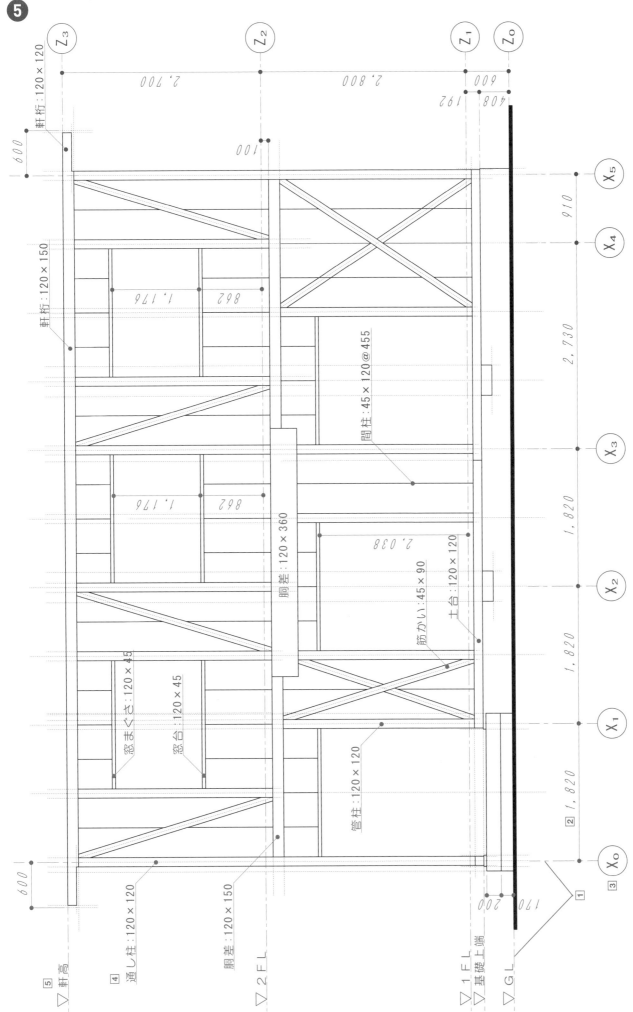

根太アリ工法の場合（X₀軸）

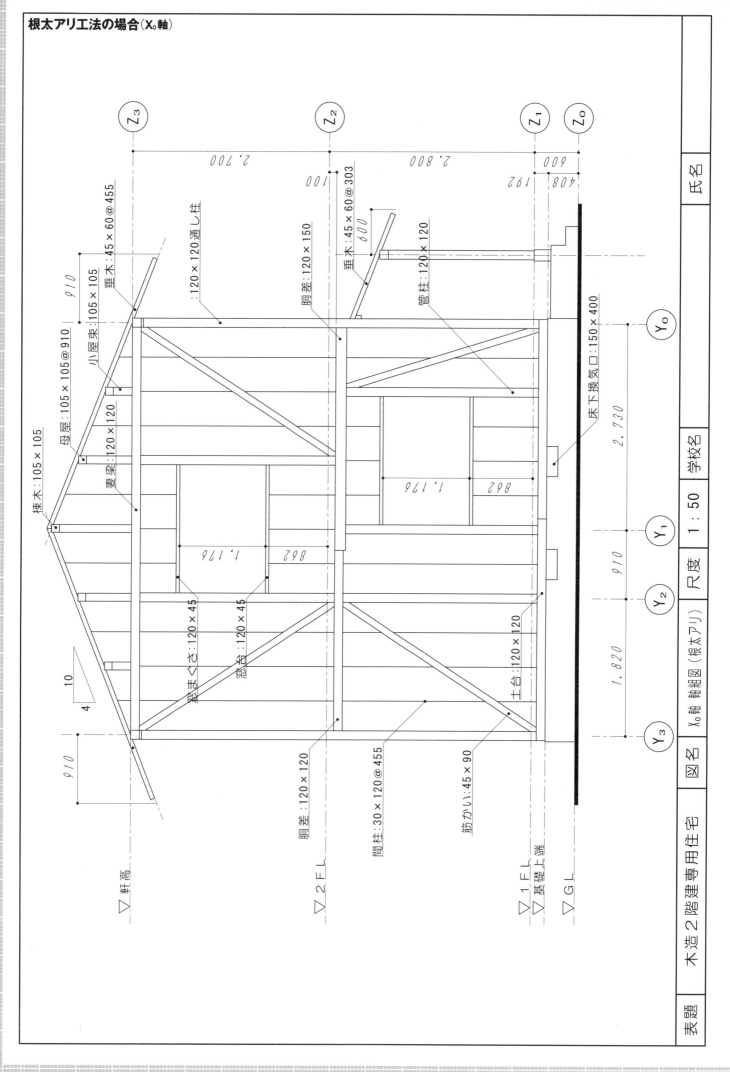

| 表題 | 木造2階建専用住宅 | 図名 | X₀軸 軸組図（根太アリ） | 尺度 | 1：50 | 学校名 | | 氏名 | |

根太アリ工法の場合（Y₃軸）

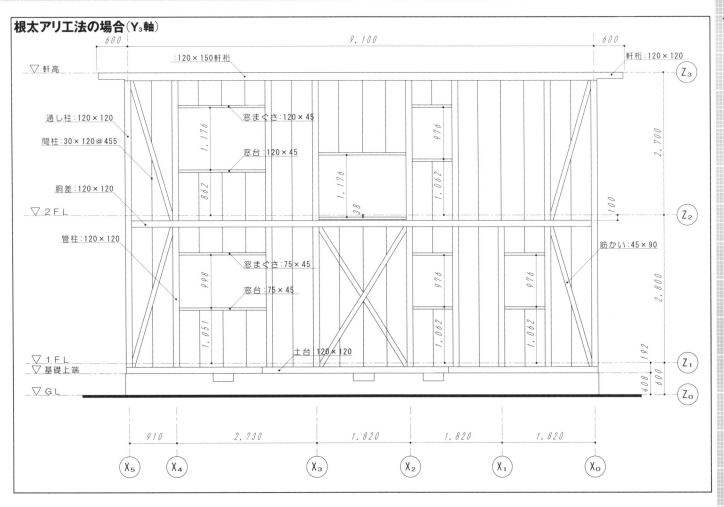

根太アリ工法の場合（X₅軸）

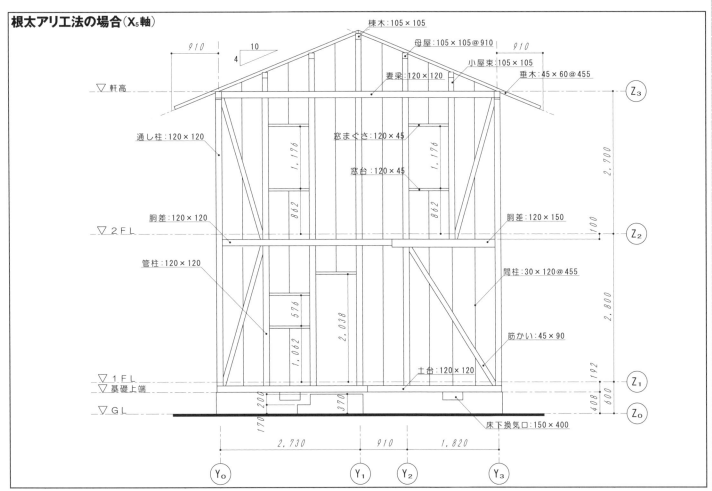

※ S＝1/50の図面を70％に縮小しています。

根太レス工法の場合（Y₀軸）

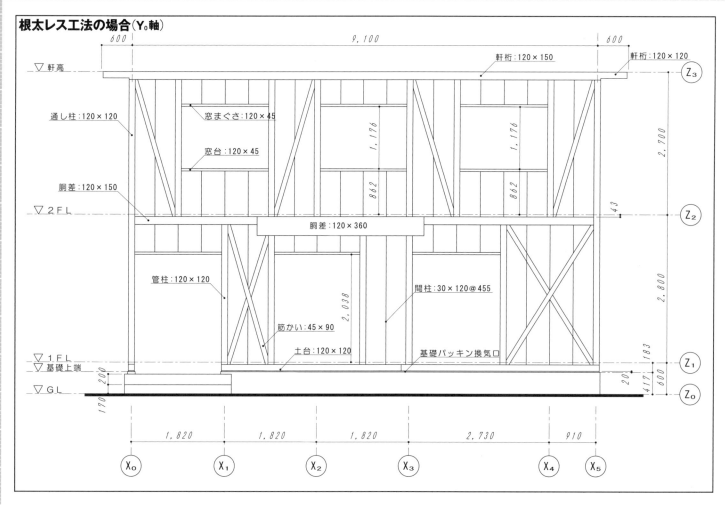

根太レス工法の場合（X₀軸）

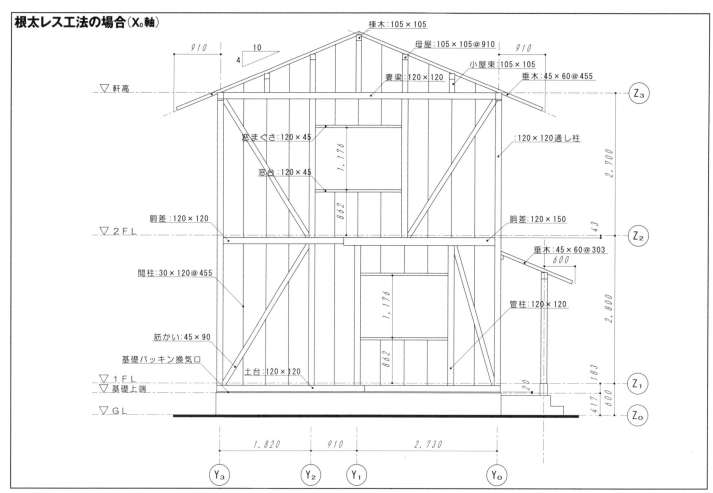

※ S＝1/50の図面を70%に縮小しています。

壁：石膏ボードt=12.5下地
ビニールクロス張り

主寝室

雨押え

屋根：平形屋根スレートt4.5葺
アスファルトルーフィング1500下地

野地板：耐水合板t=15

垂木：45×60@455

床：木質フローリングt=15
耐水合板t=12

胴差：120×150

羽子板ボルト SB-F

根太：45×105@303

吊木：40×45@910

▽2FL

600

Z_2

軒樋：塩ビ製
半円形100Φ

広小舞：15×120

野縁：40×45@455
天井：石膏ボード t=9.5
ビニールクロス張り

壁：石膏ボードt=12.5下地
ビニールクロス張り

3273 27

105

400

25

2,400

2,000

鼻隠：化粧サイディング 20×240

軒天：有孔ケイカル板 t6張り

ポーチ柱

2,100

2,800

玄関

ポーチ

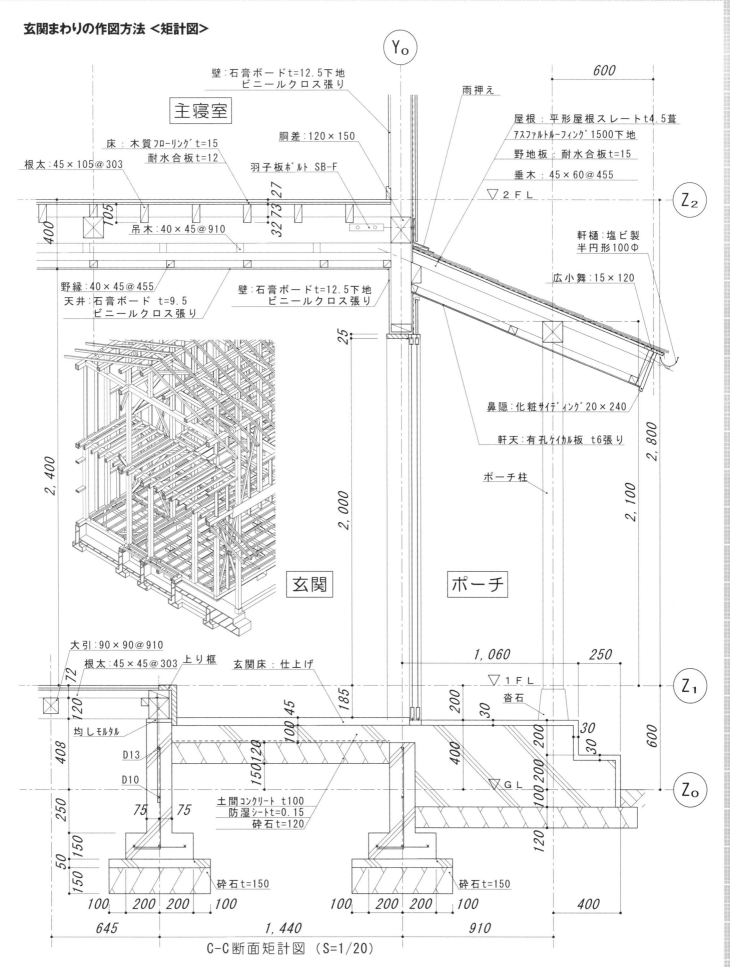

大引：90×90@910

根太：45×45@303

上り框

玄関床：仕上げ

1,060

250

▽1FL

Z_1

72

120

沓石

200

均しモルタル

D13

D10

土間コンクリート t100
防湿シート t=0.15
砕石 t=120

408

250

50 150

150

75 75

100 45

150 120

185

200

30

400 200 100

30

30

600

▽GL

Z_0

120 200 100

砕石t=150

砕石t=150

100 200 200 100

100 200 200 100

400

645

1,440

910

C-C断面矩計図 （S=1/20）

［1］設計データ1　縮尺1/100

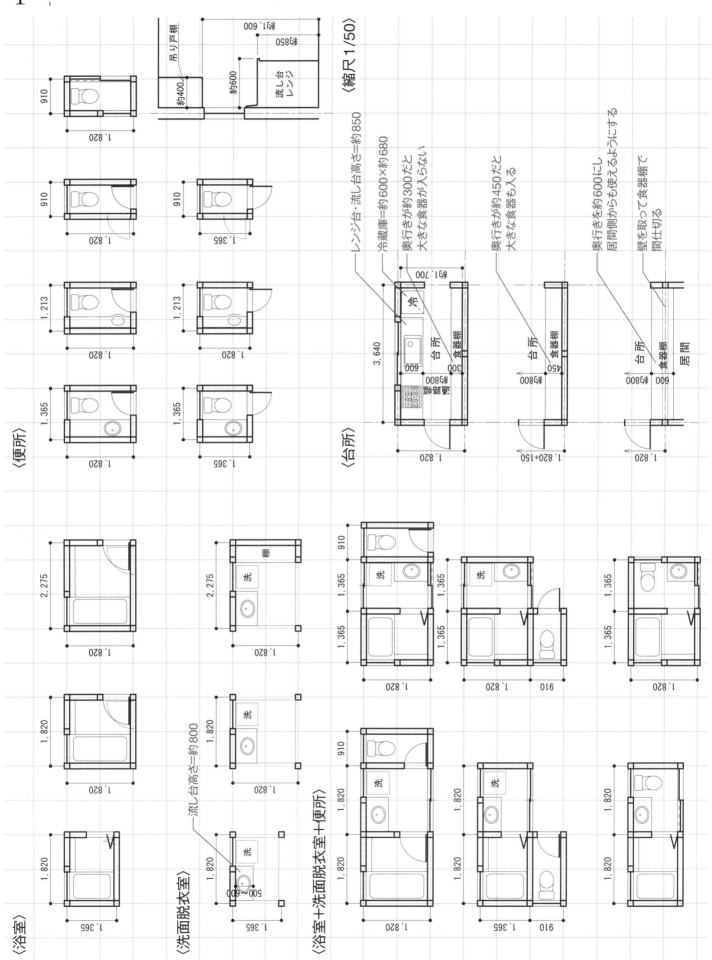

〈便所〉

〈台所〉　〈縮尺 1/50〉

吊り戸棚　流し台　レンジ　約1,600　約850　約400　約600

レンジ台・流し台高さ=約850

冷蔵庫=約600×約680

奥行きが約300だと大きな食器が入らない

奥行きが約450だと大きな食器も入る

奥行きを約600にし居間側からも使えるようにする

壁を取って食器棚で間仕切る

食器棚　冷蔵庫　台所　約1,700　約800　3,640　600　300　食器棚　居間

〈浴室〉

〈洗面脱衣室〉　流し台高さ=約800　500〜600

〈浴室+洗面脱衣室+便所〉

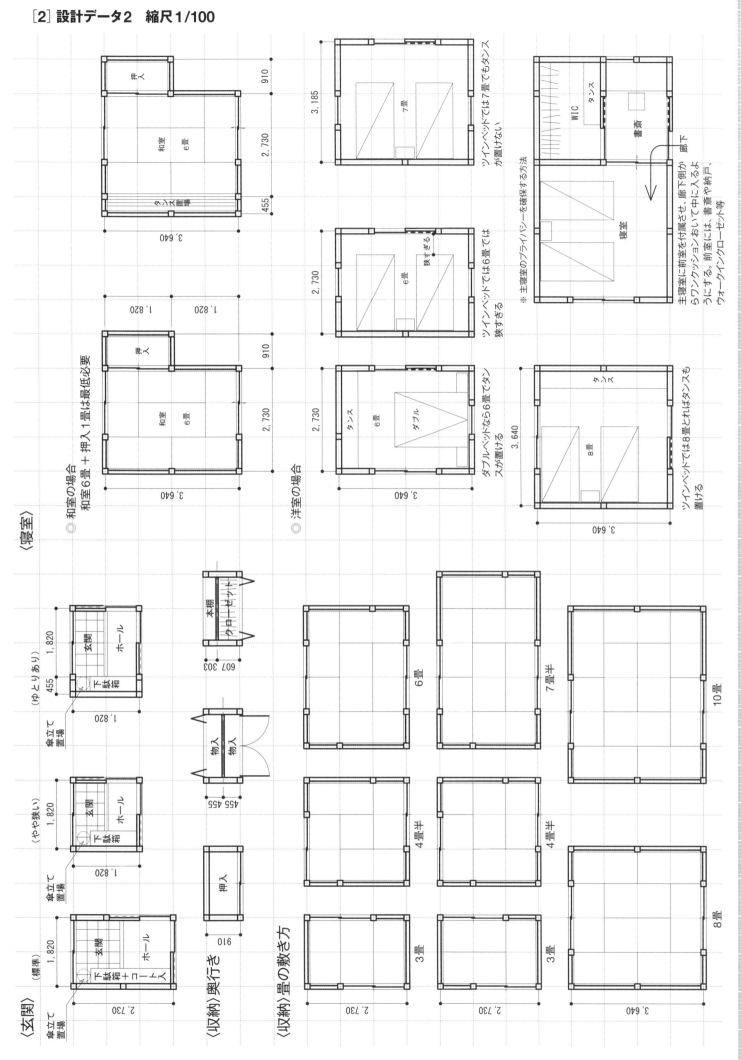

〈寝室〉

◎和室の場合
和室6畳＋押入1畳は最低必要

押入
和室
6畳
天袋置場

910
2,730
455
3,640

押入
和室
6畳

1,820
1,820
910
2,730
3,640

◎洋室の場合

7畳

3,185

ツインベッドでは7畳でもタンス
が置けない

6畳

2,730

ツインベッドでは6畳では
挟すぎる

タンス
6畳
ダブル

2,730
3,640

ダブルベッドなら6畳でもタン
スが置ける

WIC
タンス
書斎
寝室

※主寝室に前室を付属させ、廊下
側からワンクッションおいて中に入るよ
うにする。前室には、書斎や納戸、
ウォークインクローゼット等

ツインベッドでは7畳でもタンス

8畳
タンス

3,640
3,640

ツインベッドでは8畳とれればタンスも
置ける

〈玄関〉

（標準）
傘立て
置場
下駄箱＋コート入
玄関
ホール
1,820
2,730

（やや狭い）
傘立て
置場
下駄箱
玄関
ホール
1,820
1,820

（ゆとりあり）
傘立て
置場
下駄箱
玄関
ホール
1,820
455
1,820

〈収納〉奥行き

本棚
クローゼット
607 303

物入
物入
455 455

押入
910

〈収納〉畳の敷き方

6畳
4畳半
3畳
2,730

7畳半
4畳半
3畳
2,730

10畳
8畳
3,640

付録2

敷地面積	一般に、1棟の建築物が建っている土地の面積のことです。ただし、図のような敷地が4m未満の道路に接している場合は、その道路の中心線から2mの位置を道路と敷地の境界線とみなしますので、斜線部分は敷地面積に算入できません。

図：隣地境界線、元の道路幅員 4m未満、道路中心線、元の道路境界線、新道路境界線、敷地面積に算入できない部分、敷地、隣地境界線、2m 2m、新道路幅員 4m

各階床面積	壁で囲まれた室内の面積のことです。ただし、吹抜けは除きます。測定は壁の中心線で行います。
延べ床面積	各階床面積の合計（1階＋2階＋…）のことです。
建築面積	建物を真上から見たときの外壁、またはこれにかわる柱の中心線で囲まれた部分の最大面積のことです。ただし、庇・軒などが1m以上はね出しているときは、その先端より1mの部分を除いた残りの部分は含まれます。測定は壁の中心線で行います。

図：立面、1m以下、1m以下、1m以下、1.5m、平面、建築面積、0.5m 1m、建築面積に含む

建ぺい率	建物の建築面積の敷地面積に対する割合のことです。 建ぺい率＝$\dfrac{建築面積}{敷地面積}×100$ ［%］
容積率	建物の各階床面積の合計（延べ床面積）の敷地面積に対する割合のことです。 容積率＝$\dfrac{延べ床面積}{敷地面積}×100$ ［%］

[2] 面積算定の例題

下図に示す木造2階建住宅（p.66参照）を例に、建築物の面積算定を行います。

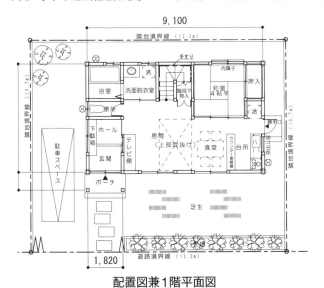

配置図兼1階平面図

2階平面図

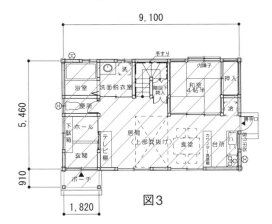

図1

図2

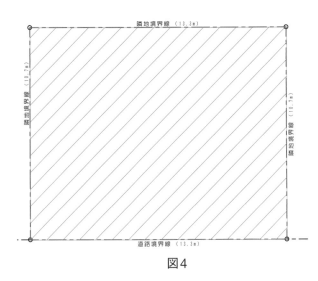

図3

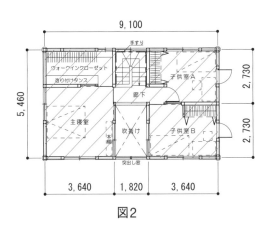

図4

① 1階床面積の算定
図1より、
$9.1\text{m} \times 5.46\text{m} \fallingdotseq 49.69\text{m}^2$

② 2階床面積の算定
図2より、
$9.1\text{m} \times 5.46\text{m} - 1.82 \times 2.73 \fallingdotseq 44.72\text{m}^2$
※ 吹抜は床面積に含まない

③ 延べ床面積の算定
1階床面積＋2階床面積＝49.69＋44.72＝94.41m²

④ 建築面積の算定
図3より、
$9.1\text{m} \times 5.46\text{m} + 1.82 \times 0.91 \fallingdotseq 51.34\text{m}^2$
※ 壁はないが柱で囲まれている「ポーチ」は建築面積に含まれる

⑤ 敷地面積の算定
図4より、
$13.3\text{m} \times 10.7\text{m} \fallingdotseq 142.31\text{m}^2$

⑥ 建ぺい率の算定
$\dfrac{建築面積}{敷地面積} \times 100 = \dfrac{51.34}{142.31} \times 100 \fallingdotseq 36.08\%$

⑦ 容積率の算定
$\dfrac{延べ床面積}{敷地面積} \times 100 = \dfrac{94.41}{142.31} \times 100 \fallingdotseq 66.34\%$

付録3

住宅に必要な家具や電化製品の大きさ

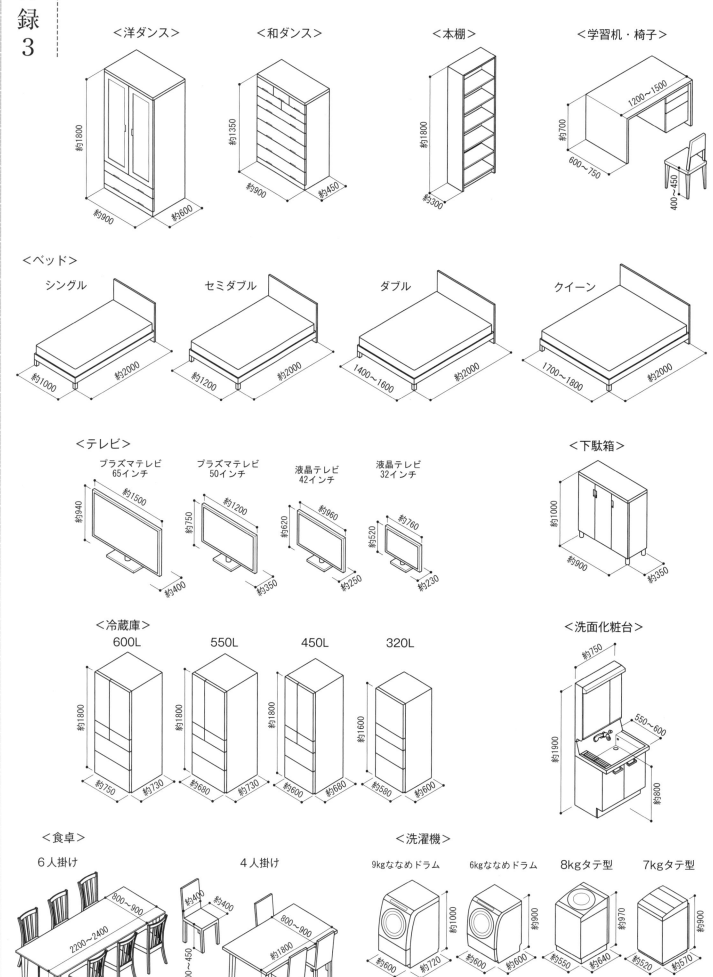

<洋ダンス>
約1800 / 約600 / 約900

<和ダンス>
約1350 / 約900 / 約450

<本棚>
約1800 / 約300

<学習机・椅子>
1200～1500 / 約700 / 600～750 / 400～450

<ベッド>

シングル
約1000 / 約2000

セミダブル
約1200 / 約2000

ダブル
1400～1600 / 約2000

クイーン
1700～1800 / 約2000

<テレビ>

プラズマテレビ 65インチ
約940 / 約1500 / 約400

プラズマテレビ 50インチ
約750 / 約1200 / 約350

液晶テレビ 42インチ
約620 / 約960 / 約250

液晶テレビ 32インチ
約520 / 約760 / 約230

<下駄箱>
約1000 / 約900 / 約350

<冷蔵庫>

600L
約1800 / 約750 / 約730

550L
約1800 / 約680 / 約730

450L
約1800 / 約600 / 約680

320L
約1600 / 約580 / 約600

<洗面化粧台>
約750 / 550～600 / 約1900 / 約800

<食卓>

6人掛け
800～900 / 2200～2400 / 約700

4人掛け
約400 / 約400 / 800～900 / 約1800 / 400～450 / 約700

<洗濯機>

9kgななめドラム
約1000 / 約600 / 約720

6kgななめドラム
約900 / 約600 / 約600

8kgタテ型
約970 / 約550 / 約640

7kgタテ型
約900 / 約520 / 約570

付録 4

［1］模型製作の手順

ここでは、本書で取り上げた「木造2階建専用住宅」の模型を製作します。できれば、模型を先に製作し、立体を理解しながら図面を描くことをお奨めします。

（必要な道具と材料）

カッターマット、カッター、スチのり（木工用ボンドでも可）、スプレーのり、定規、スチレンボード2mm、5mm（敷地のみ）、新聞紙など

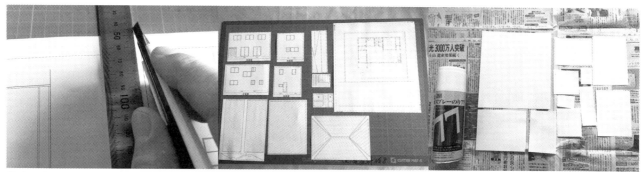

①カッターマットの上で、模型の型紙の各パーツを切取り線よりひと回り大きめにカッターで切断する。

②模型の各パーツをこのよう切取り線より広めに切り、細かいパーツはまとめておく。

③新聞紙の上に、切断した各パーツを裏向きに並べ、スプレーのりを噴霧する（スティックのりなどでも可）。

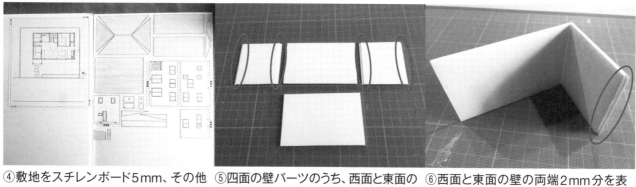

④敷地をスチレンボード5mm、その他のパーツ2mmに貼り付け、切取り線に合せて、カッターで丁寧に切断する。

⑤四面の壁パーツのうち、西面と東面の壁だけは両端2mm分（○の部分）は表面の紙1枚を残して切り落とす。

⑥西面と東面の壁の両端2mm分を表面の紙1枚だけ残すことで（○の部分）、外壁角の小口を隠すことができる。

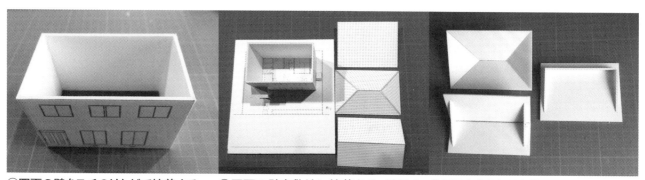

⑦四面の壁をスチのりなどで接着する。

⑧四面の壁を敷地に接着させ、屋根のパーツ、その他をそれぞれ組立ながら接着する。

⑨屋根を裏から見た様子。
左上：寄棟屋根、左下：切妻屋根、
右：片流れ屋根

○ 切妻屋根を本体に載せた様子　　　○ 寄棟屋根を本体に載せた様子　　　○ 片流れ屋根を本体に載せた様子

［2］敷地および建物の型紙

スチレンボード5mmを使用。これ以外はすべてスチレンボード2mmを使用。

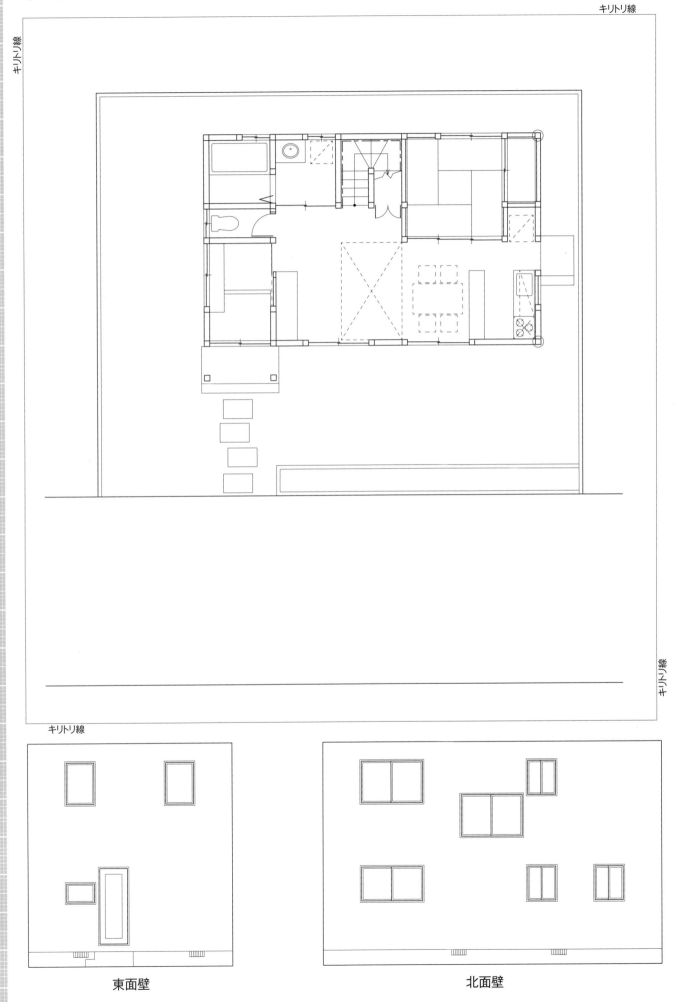

東面壁

北面壁

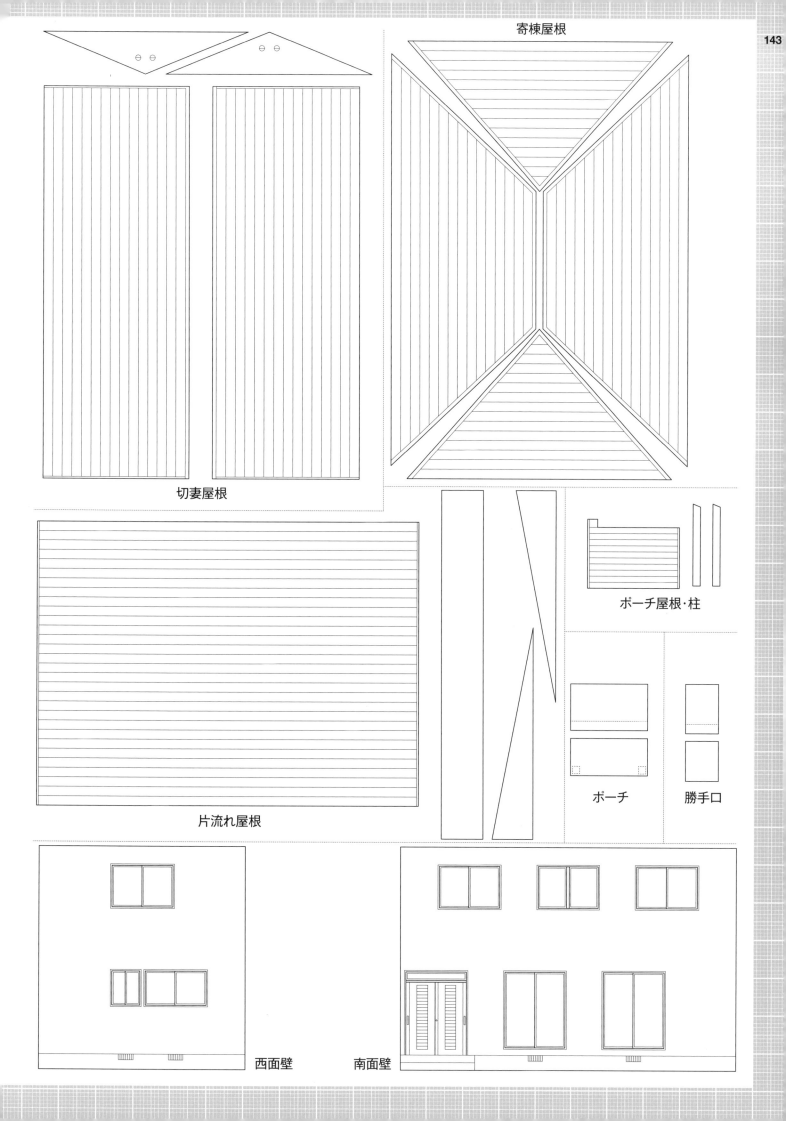

切妻屋根

寄棟屋根

片流れ屋根

ポーチ屋根・柱

ポーチ

勝手口

西面壁

南面壁

著者紹介

———

櫻井良明 | さくらい よしあき

一級建築士、一級建築施工管理技士、一級土木施工管理技士。

———

1963 年、大阪府生まれ。
1986 年、福井大学工学部建設工学科卒業。
設計事務所、ゼネコン勤務、山梨県立甲府工業高等学校建築科教諭などを経て、
現在、日本工学院八王子専門学校テクノロジーカレッジ建築学科・建築設計科教員。
長年にわたりJw_cad による建築製図指導を続けていて、
全国のさまざまな建築設計コンペなどで指導した生徒を多数入選に導いている。

———

著書：

『Jw_cad 建築詳細図入門［Jw_cad8 対応版］』［エクスナレッジ］
『高校生から始めるJw_cad 建築プレゼン入門［Jw_cad8 対応版］』［エクスナレッジ］
『高校生から始めるJw_cad 建築製図入門［Jw_cad8 対応版］』［エクスナレッジ］
『高校生から始めるJw_cad 製図超入門［Jw_cad8 対応版］』［エクスナレッジ］
『Jw_cad で学ぶ建築製図の基本［Jw_cad8 対応版］』［エクスナレッジ］
『高校生から始めるJw_cad 土木製図入門［Jw_cad8.10b対応］』［エクスナレッジ］
『これで完璧!! Jw_cad 基本作図ドリル』［エクスナレッジ］
『この1冊で全部わかる木造住宅製図秘伝のテクニック』［エクスナレッジ］
『高校生から始めるSketchUp 木造軸組入門』［エクスナレッジ］
『高校生から始めるJw_cad 建築詳細図入門』［エクスナレッジ］
『Jw_cad 建築施工図入門』［エクスナレッジ］
『高校生から始めるJw_cad 建築製図入門［RC 造編］』［エクスナレッジ］
『高校生から始めるJw_cad 建築構造図入門』［エクスナレッジ］
『建築製図 基本の基本』［学芸出版社］
『図解 建築小事典』［共著、オーム社］
『新版 建築実習1』［共著、実教出版］
『二級建築士120 講 問題と解説』［共著、学芸出版社］
『直前突破 二級建築士』［共著、学芸出版社］

———

ホームページ：「建築学習資料館」http://ags.gozaru.jp/
ブログ：「建築のウンチク話」http://agsgozaru.jugem.jp/

いちばんわかる
建築製図入門

2021年4月12日　　　初版第1刷発行

著者————櫻井良明
発行者————澤井聖一
発行所————株式会社エクスナレッジ
　　　　　　〒106-0032 東京都港区六本木 7-2-26
　　　　　　https://www.xknowledge.co.jp/

［本書に関するお問合せ先］
編集————Tel 03-3403-1381｜Fax 03-3403-1345｜info@xknowledge.co.jp
販売————Tel 03-3403-1321｜Fax 03-3403-1829

南・東立面図 作図手順

① 平面図の組立基準線を極細線で延長する（X0、X1、X5、Y0、Y3）。

② 高さの基準線の下描き線を極細線で描く（Z0：地盤線（GL）、Z1：1階床高（1FL）、Z2：2階床高（2FL）、Z3：軒高（軒桁上端）、ポーチ屋根の軒高。

③ 東立面図の各屋根勾配基準線（ここでは4/10勾配）の下描き線を極細線で描く（軒高と外壁の組立基準線の交点を通るようにする。

④ 東立面図より屋根仕上げの下描き線を極細線で描く。

⑤ 平面図より壁仕上げの下描き線を極細線で延長する。

⑥ 平面図の開口部、ポーチ、勝手口の下描き線を極細線で描く。

⑦ 下描き線の上から各箇所の仕上げ線を極粗太線、極太線、太線、細線などで描く（詳しくはp.64を参照。

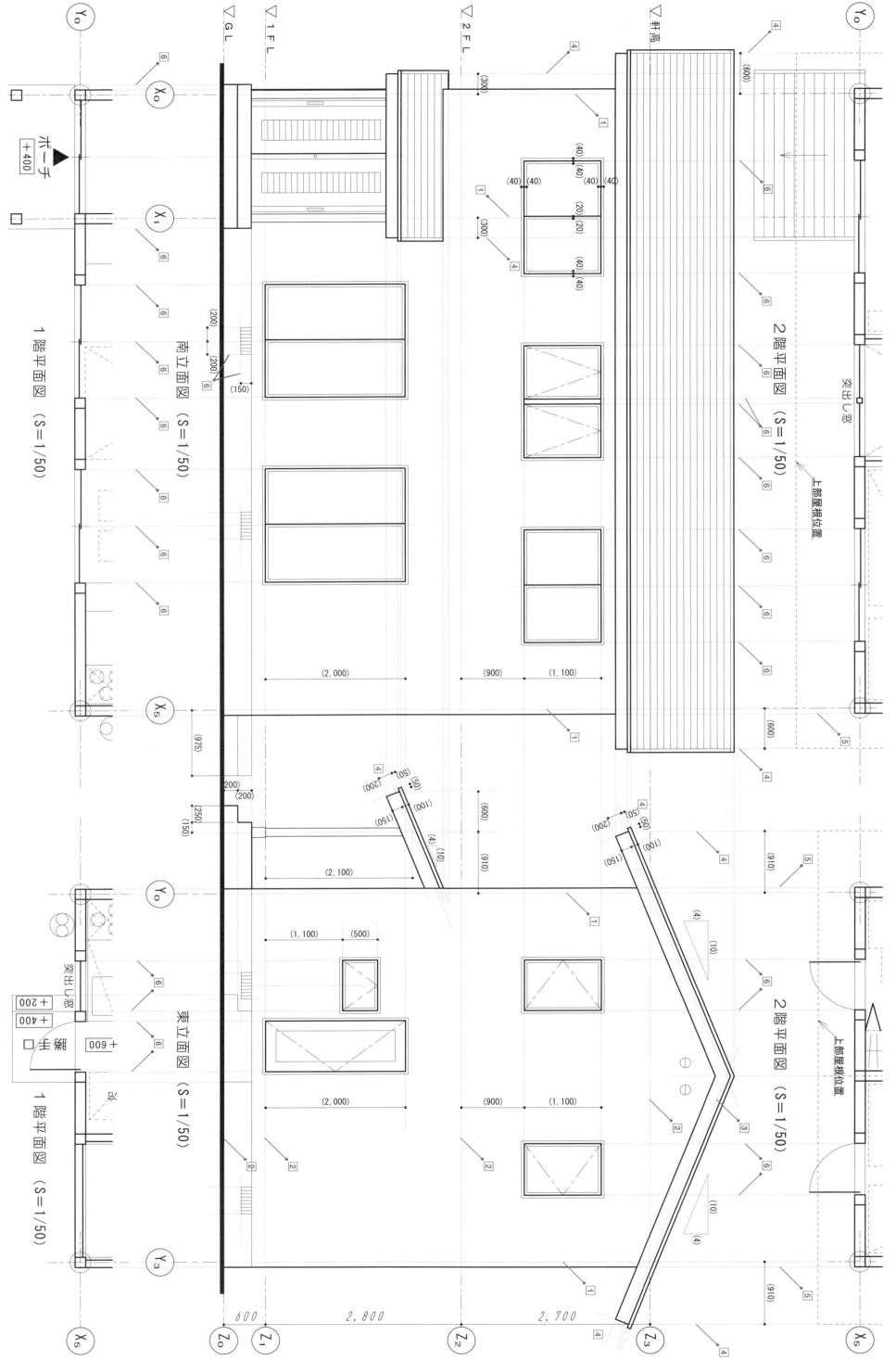

南立面図 （S＝1/50）

東立面図 （S＝1/50）

2階平面図 （S＝1/50）

1階平面図 （S＝1/50）

2階平面図 （S＝1/50）

1階平面図 （S＝1/50）

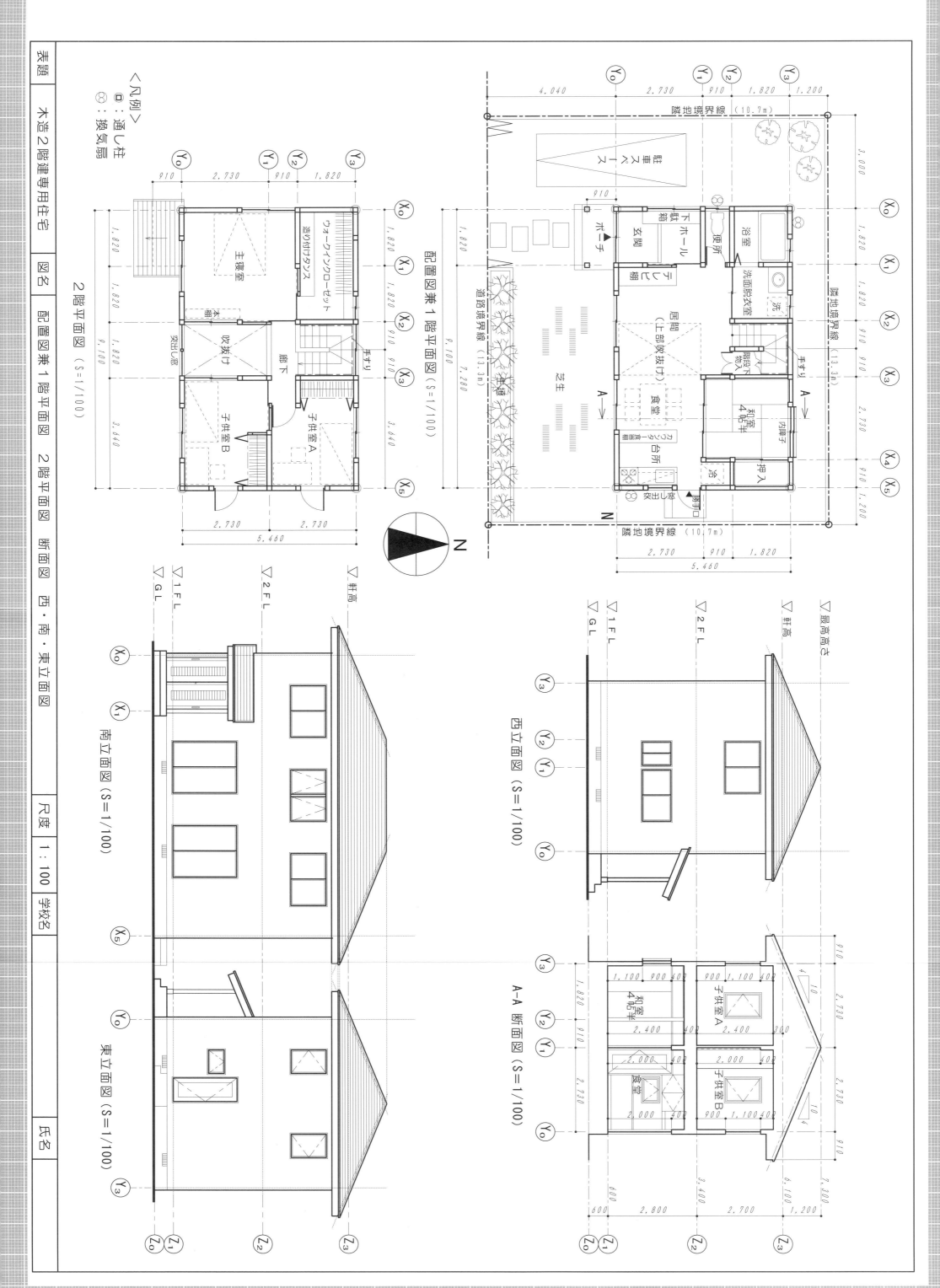

配置図兼平面図・断面図・立面図
作図手順

配置図兼平面図・断面図・立面図（S＝1/100）

① 各図面の基準線を極細線で描き、レイアウトを決める。
② 平面図・断面図→立面図の順で描く。
※ 各図面の描き方は該当ページを参照のこと。

隣地境界線（10.7m）

4,040　2,730　910　1,820　1,200

1,700　4,700

3,000

隣地境界線（13.3m）

X_0　X_1　X_2　X_3　X_4　X_5
1,820　910　2,730　910　1,200

Y_0　Y_1　Y_2　Y_3

隣地境界線（10.7m）
2,730　910　1,820
5,460

配置図兼1階平面図（S＝1/100）

道路境界線（13.3m）
9,100
7,280

1,820

X_0　X_1　X_2　X_3　X_5
1,820　1,820　910　910　3,640

2,730　2,730
5,460

2階平面図（S＝1/100）

Y_0　Y_1　Y_2　Y_3
910　2,730　910　1,820

1,820　1,820　1,820　1,820
9,100

西立面図（S＝1/100）

▽軒高
▽2FL
▽1FL
▽GL

Y_3　Y_2　Y_1　Y_0

4/10

A-A断面図（S＝1/100）

▽軒高
▽2FL
▽1FL
▽GL

Y_3　Y_2　Y_1　Y_0
1,820　910　2,730

600　2,800　2,700

Z_0　Z_1　Z_2　Z_3

南立面図（S＝1/100）

▽軒高
▽2FL
▽1FL
▽GL

X_0　X_1　X_5　Y_0

4/10

東立面図（S＝1/100）

Y_3

Z_0　Z_1　Z_2　Z_3

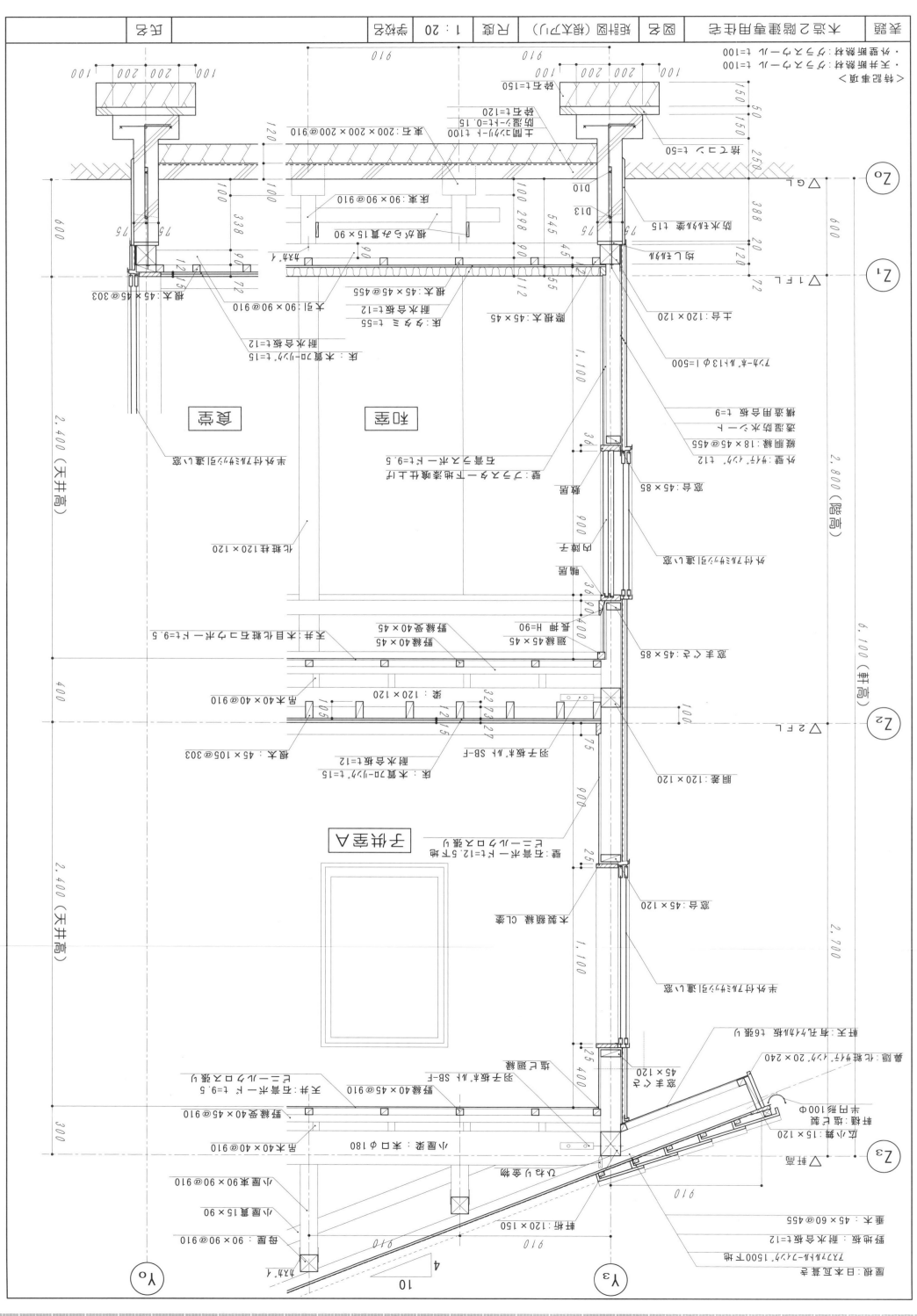

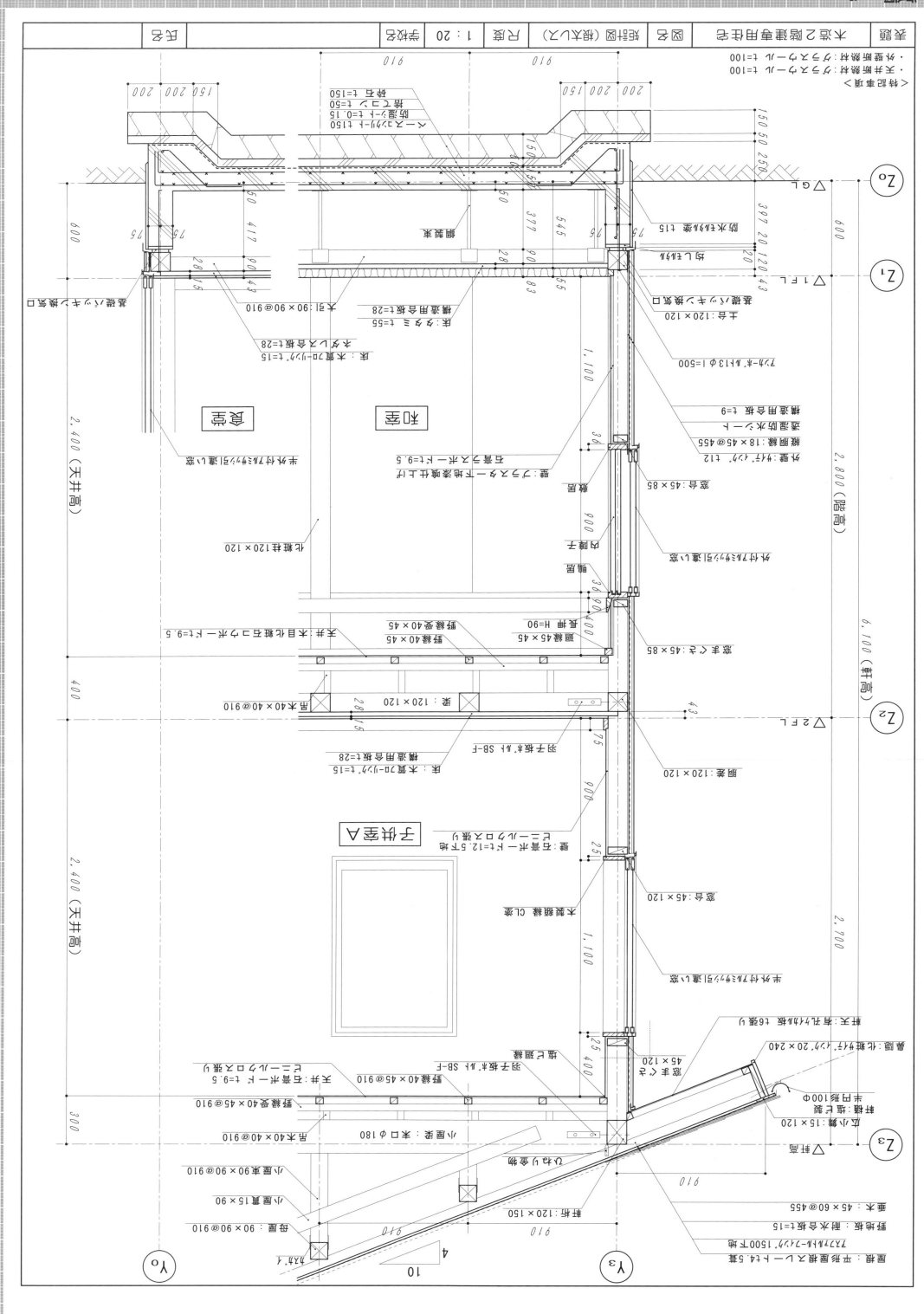

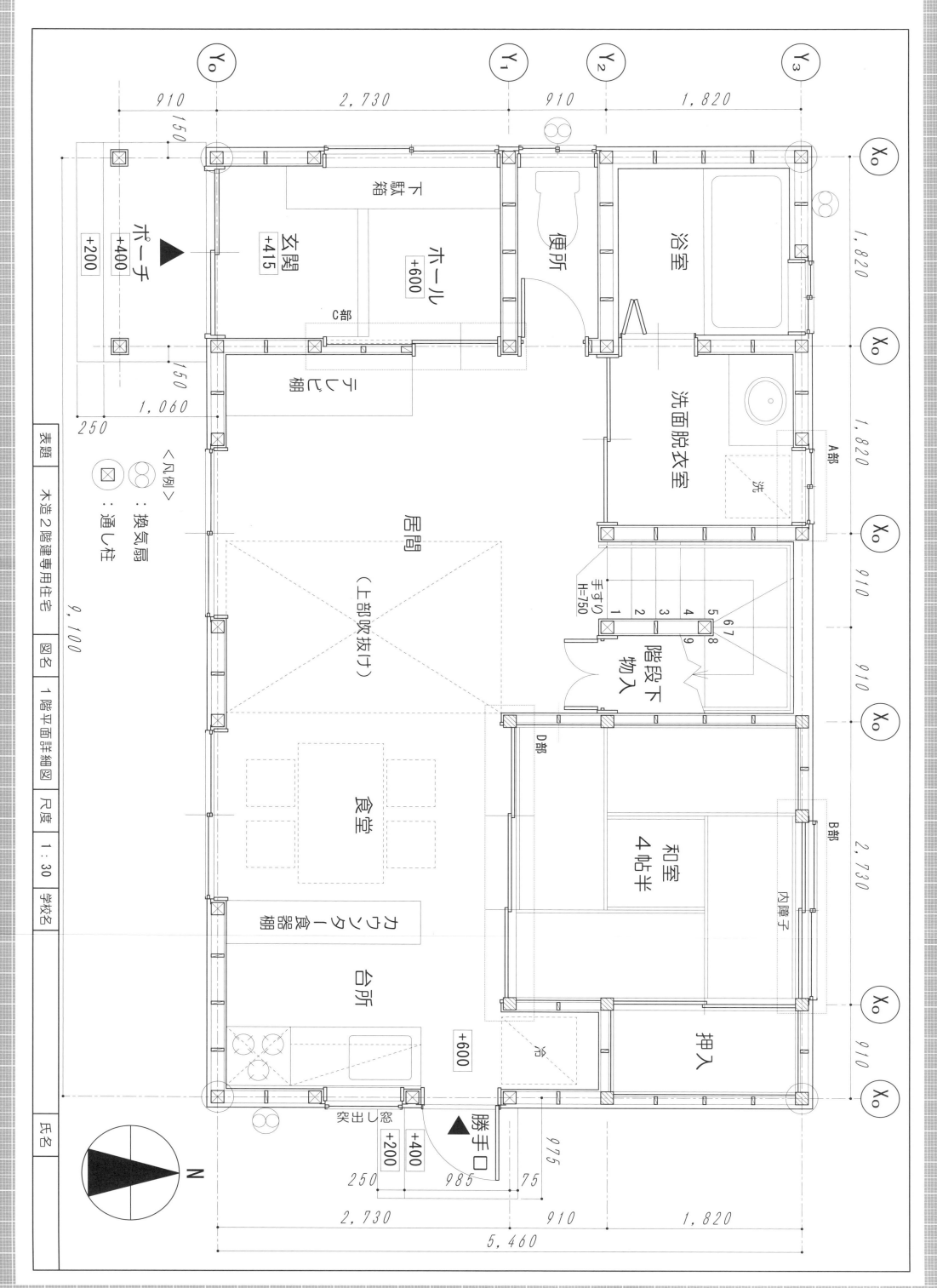

第8章

新 ── 図9

❶ 平面詳細図 作図手順

1. 外周部の通り芯の下描き線を全体のレイアウト（配置）を考慮しながら、極細線で描く。
2. 内部の通り芯の下描き線を全体で910mm間隔に均等割りして描く（定規を傾け、等分に分割する）。
3. 玄関の上がり框の中心線の下描き線を極細線で描く。
4. 玄関独立柱の中心線の下描き線を極細線で描く。

| 910 | 910 | 910 | 910 | 910 | 910 | 910 |

455　455

4

3

1

2

2

2

2

2

910

910

910

910

910

910

910

910

910

9,100

1

2　2　2　2　2

1

1

5,460

1 基準線をもとに60,60の振分けで、120になるように壁線・柱線の下描き線を極細線で描く。
2 柱を構造材と化粧材を区別して、極太線および細線の実線で描く。

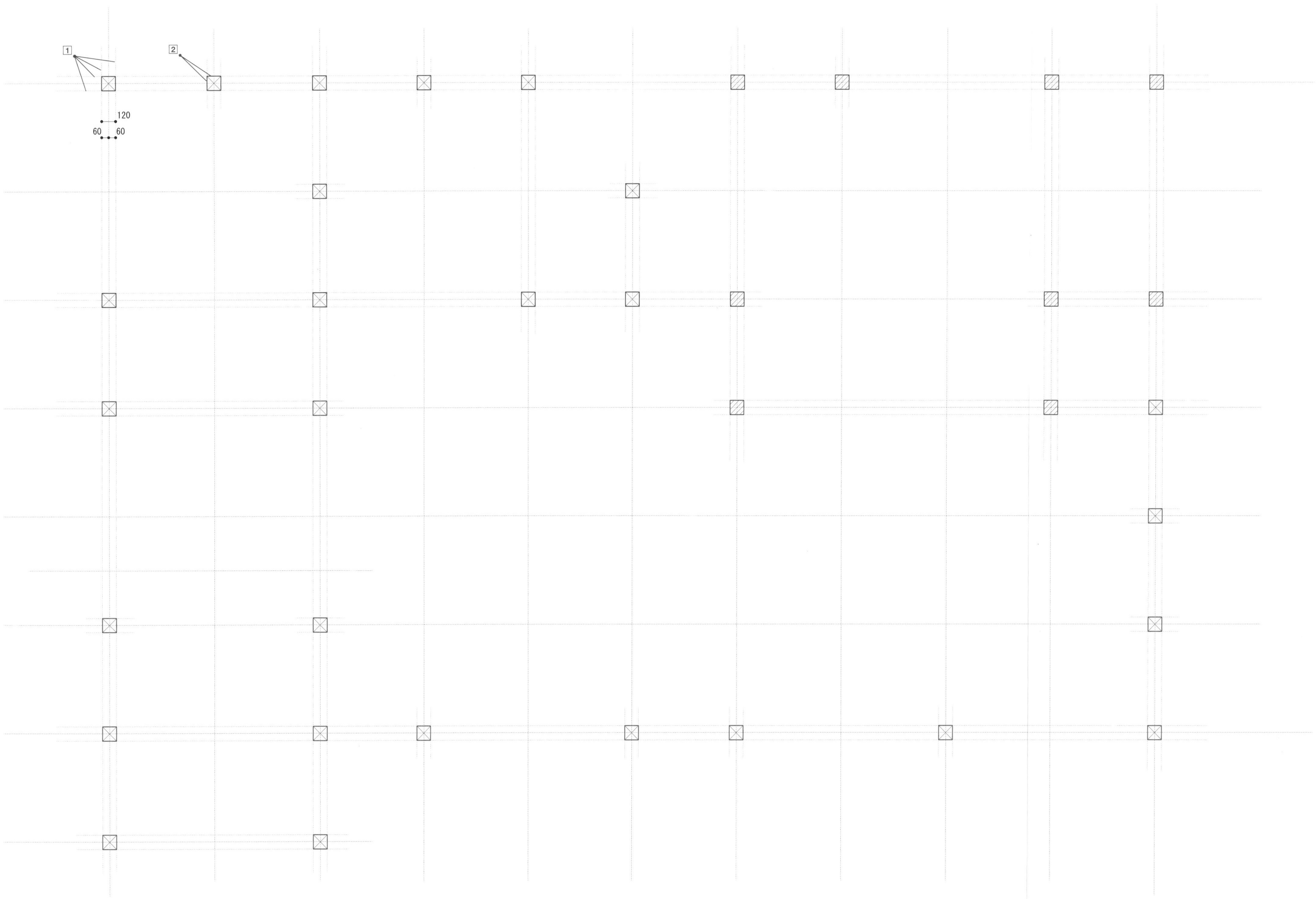

60
60
120

☒ ：構造材（壁で隠れて見えなくなる柱）
▨ ：化粧材（壁で隠れない真壁の柱）

極太線
細線

❸ 平面詳細図 作図手順

① 455mm間隔で間柱を取り付け箇所に下書き線を極細線で描く。

② 間柱を大きさを使い分けながら極太線および細線の実線で描く。

③ 外壁仕上げの下書き線を極細線で描く（約40mm）。

④ 内壁仕上げの下書き線を極細線で描く（約20mm、内壁の仕上げは石こうボード12.5mm下地のビニールクロス貼りなら厚みが13mm程度になるが手描きで描く幅としては細かすぎるので約20mmとした）。

⑤ 浴室壁仕上げの下書き線を極細線で描く（約50mm）。

■：間柱（補助構造材）の表現

（大壁ー大壁）　極太線　120／30
（大壁ー真壁）　細線　75／30

455　455　455　455
120　30
40（外壁）
50（浴室壁）
20（内壁）
170
50　50
45　100　60
30　75　15　20

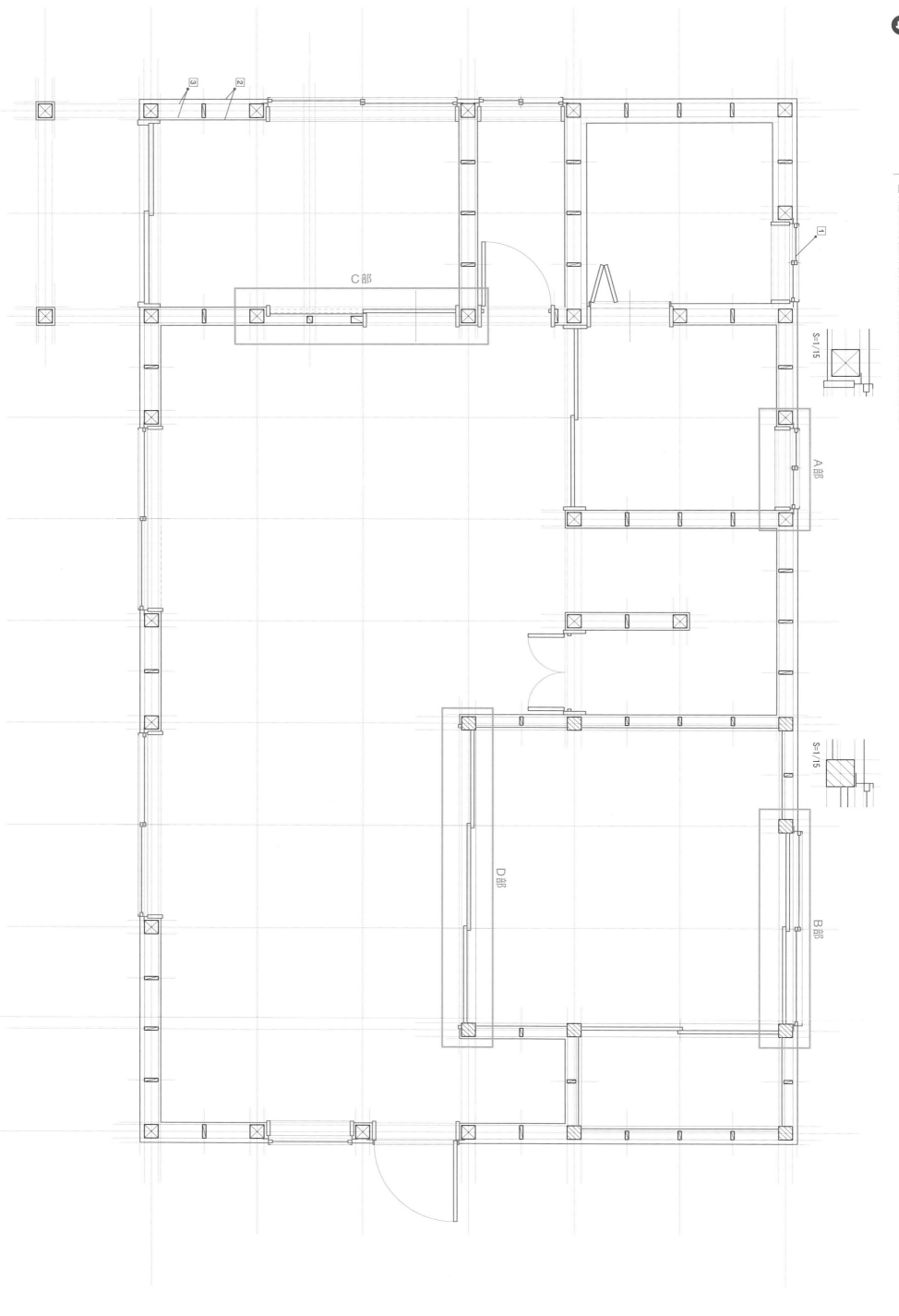

❹ 平面詳細図 作図手順

1 建具を太線および細線の実線で描く（部分詳細図を確認）。
2 外壁および内壁の仕上げ線を下描き線の上から極太線で描く。
3 外壁および内壁の内側の線を下描き線の上から細線の実線で描く

1

S=1/15

C部

A部

S=1/15

D部

B部

折込図

外

13

① 造付け設備等（浴槽、洗面器、便器、キッチン流し、レンジなどの上の換気扇は隠れ線なので細線の破線で描く。
ただし、階段（登り方向の斜め戸棚やレンジ上の換気扇は隠れ線なので細線の破線で描く。
② 畳、階段（登り方向の矢印も含む。上がり框などの見えがかり線を細線の実線で描く。
③ 後付けの家具（テーブルや電化製品（冷蔵庫、冷凍庫）を細線の実線で描く。

④ 換気扇の記号を細線の実線で描く。
⑤ 2階吹抜けの位置は隠れ一点鎖線で細線の破線で描く。
⑥ 通し柱の記号◯を細線の実線で描く。
⑦ 玄関ポーチ、勝手口の見えがかり線を細線の実線で描く。

⑧ 出入口表示▲を記入する。
⑨ 基準線を細線の一点鎖線で描く。基準記号の◯部分を太線の実線で描き、文字を記入する。
⑩ 寸法線を細線の実線で描く。

⑪ 寸法値、部屋名を記入する。
⑫ 方位記号を太線の実線で描く。

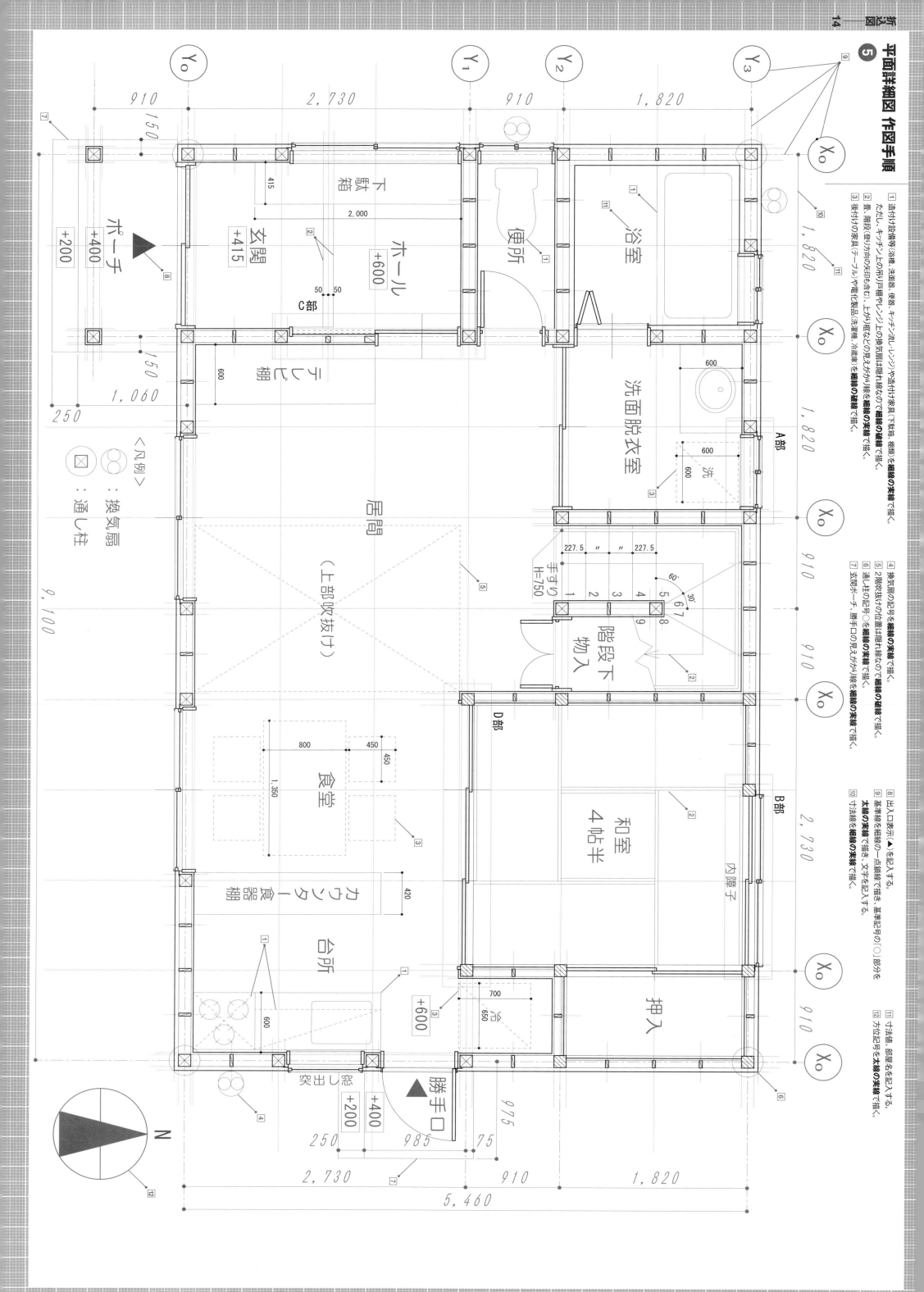

A-A断面図

A-A断面図

▽GL △1FL ▽2FL △軒高 ▽最高高さ

910

2,730

4 10

和室 4帖半

子供室A

食堂

子供室B

1,100 900 400 900 1,100 400

2,400 400 2,400 300

2,000 400 2,000 400

Y3 1,820 Y2 910 Y1

Y1 Y2 Y3
910 1,820
600

▽GL ▽1FL ▽2FL ▽軒高 ▽最高高さ

D D

D

1,100 900 900 1,100

2,000 400 400 2,000 400 300

ホール

900

居間

主寝室

吹抜け

食堂 台所

子供室B

2,000 400

100

2,000 2,400 400

400 200 2,000 900 1,100

400 600

600 2,800 3,400 2,700 6,100 1,200 7,300

Z0 Z1 Z2 Z3 D

X0 1,820 X1 1,820 X2 1,820 X3 2,730 X4 910 X5

D-D断面図（S＝1/50）

主寝室

ウォークインクローゼット
造り付けタンス

吹抜け

手すり

廊下

子供室B

子供室A

2階平面図（S＝1/50）

X0 1,820 X1 1,820 X2 1,820 X3 2,730 X4 910 X5

675

675

910 1,820

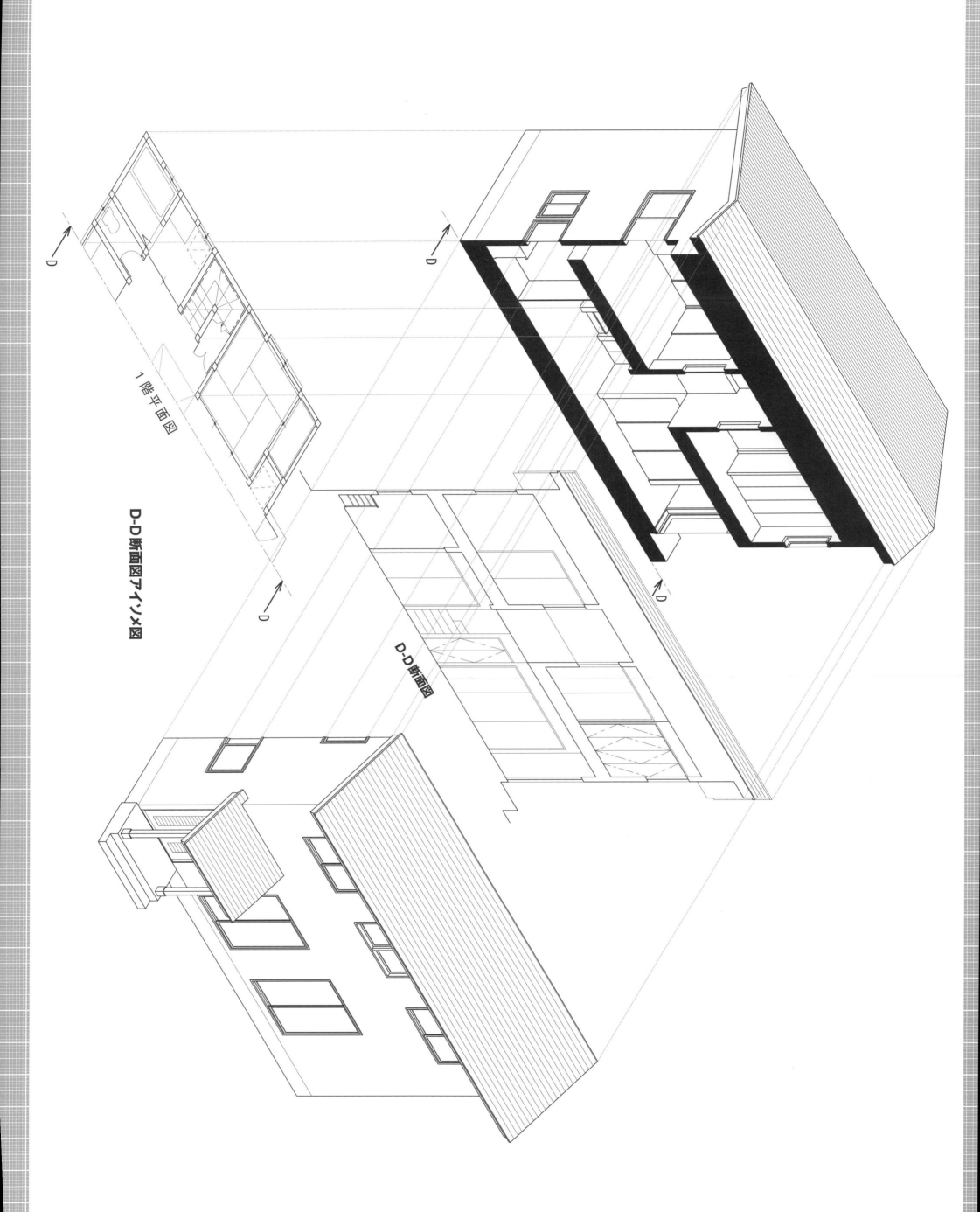

1階平面図

D-D断面図アイソメ図

D-D断面図

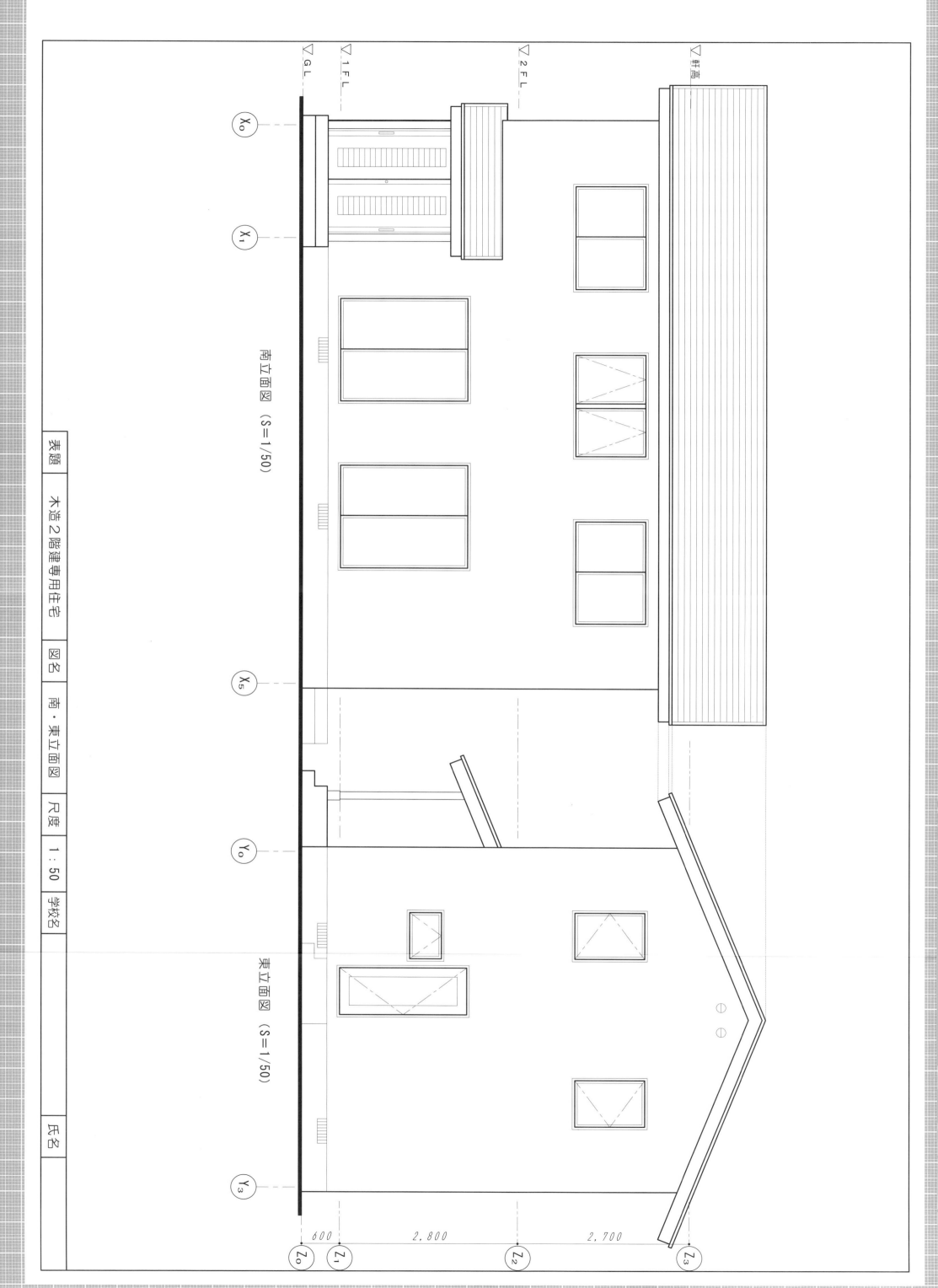

南立面図 （S＝1/50）

東立面図 （S＝1/50）

600　　2,800　　2,700

▽GL
▽1FL
▽2FL
▽軒高

X₀　X₁　X₅　Y₀　Y₃

Z₀　Z₁　Z₂　Z₃

表題　木造2階建専用住宅　図名　南・東立面図　尺度　1：50　学校名　　氏名

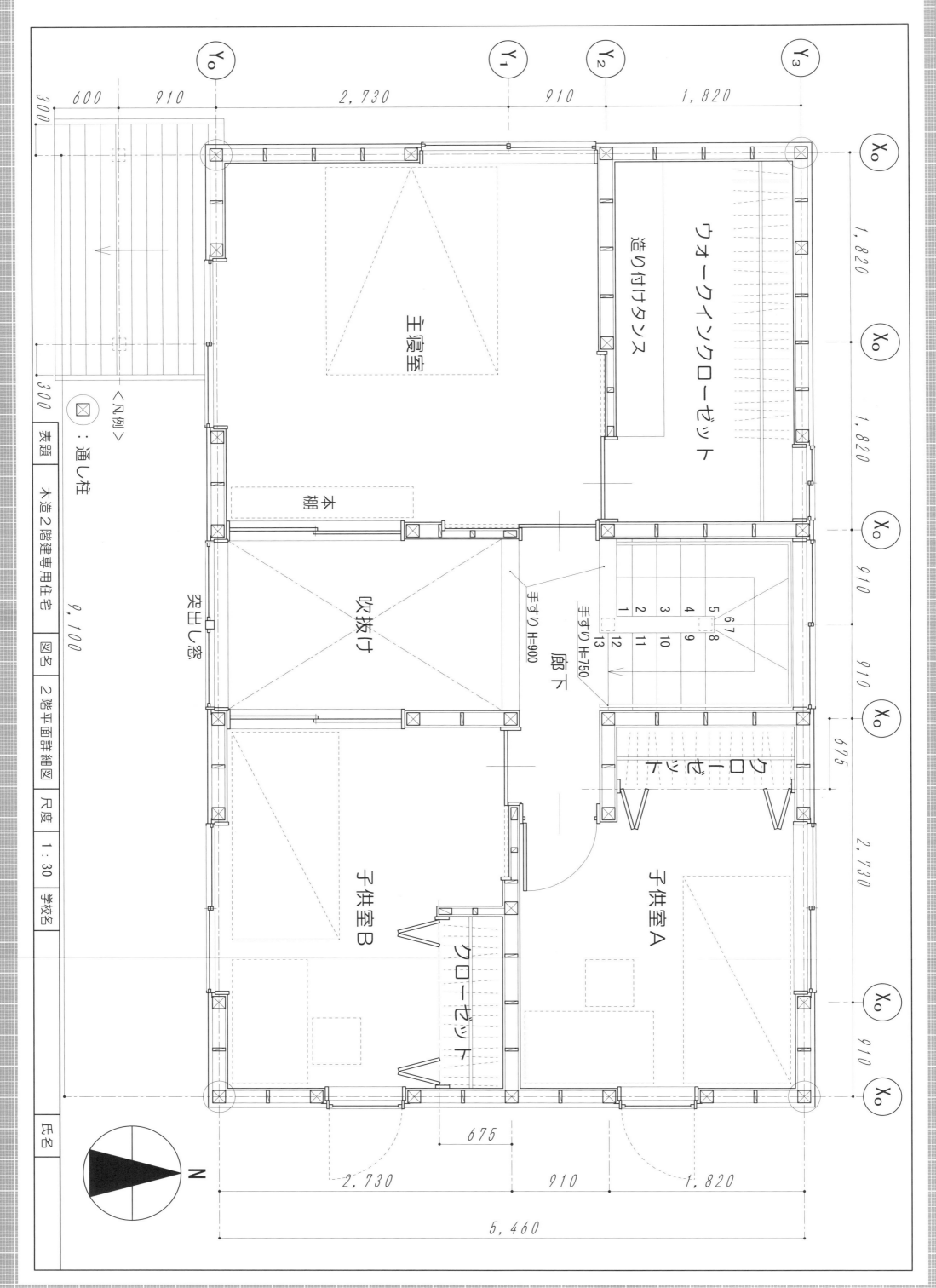

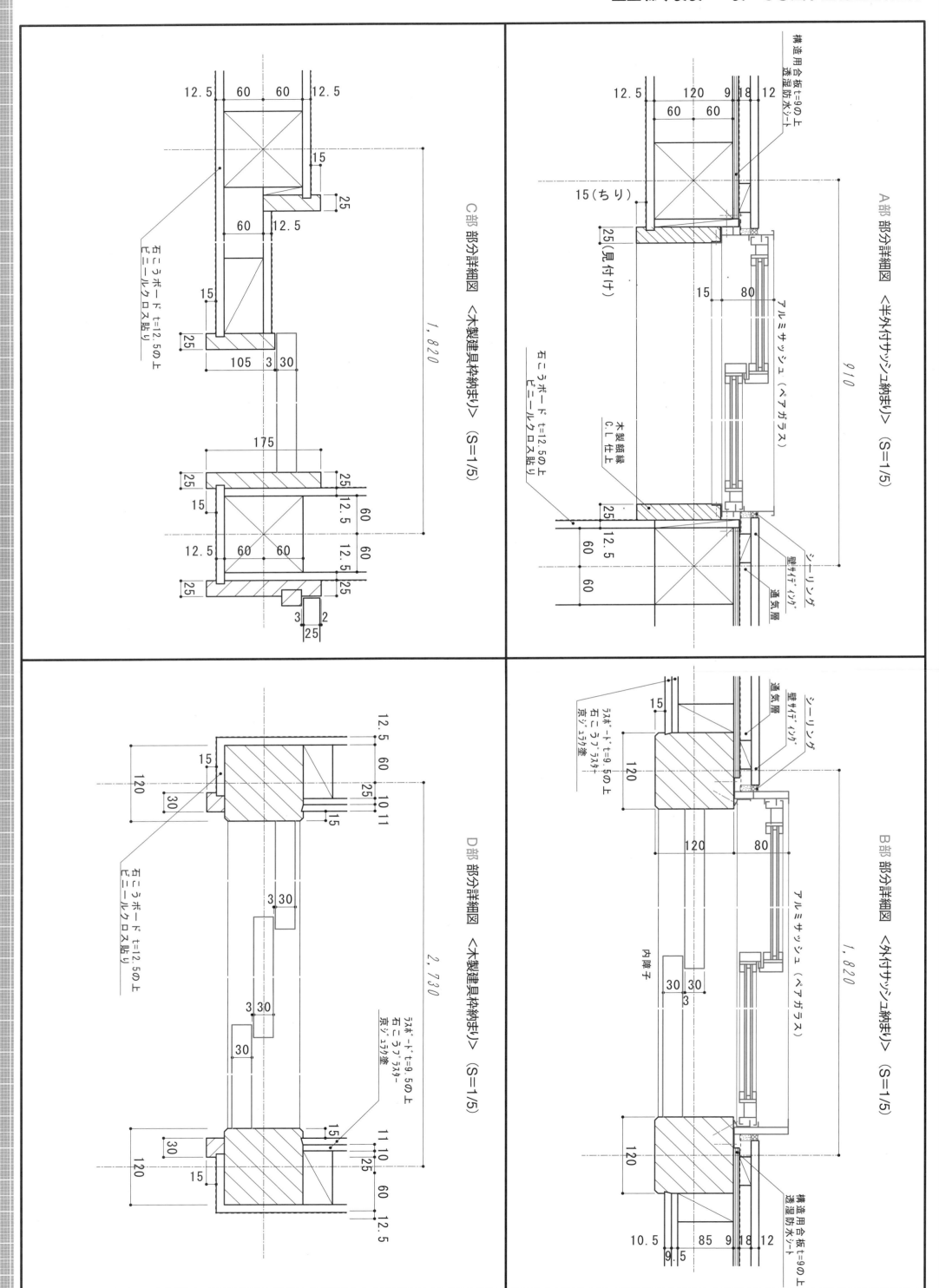

平面詳細図作図手順④
A部～D部部分詳細図

A部 部分詳細図 ＜半外付サッシュ納まり＞ （S＝1/5）

C部 部分詳細図 ＜木製建具枠納まり＞ （S＝1/5）

B部 部分詳細図 ＜外付サッシュ納まり＞ （S＝1/5）

D部 部分詳細図 ＜木製建具枠納まり＞ （S＝1/5）